매력은 **설득**이다

성공하는 여자들의 톱 시크릿

매력은 설득이다

정연아 지음

RHK
알에이치코리아

당신은
매력 있는
여자가 될 수 있다

"성공을 좌우하는 가장 결정적인 조건은 지능이나 학벌, 운이 아니라 '매력'이다."

심리학자 대니얼 카너먼Danniel Kahneman 교수의 말이다. 그는 2002년 노벨 경제학상 수상자로 성공의 메커니즘을 매력이라고 강조했다. 그의 말처럼 매력은 21세기의 성공 조건으로 현대인에게 있어 중요한 키워드이다. 세계 최고의 권위를 자랑하는 노벨 경제학상을 받은 그가 성공의 조건으로 다른 것이 아닌 매력을 강조한 것은 의미심장하다. 경제와 매력이 매우 긴밀하게 연관되어 있음을 알 수 있다.

매력은 자석처럼 사람들을 끌어당기는 속성이 있다. 그것은 한 개인의 표정과 몸짓, 목소리 등 다양한 메커니즘으로 상대에게 고스란히 전달된다. 마치 섬광처럼 한순간에 전해지는 느낌이다.

매력은 그 자체로는 눈에 보이지도, 만져지지도 않지만 상대의 감정과 태도를 조절할 수 있는 엄청난 힘을 가졌다. 이런 점에서 매력은 강력한 설득 도구다. 즉 매력이 없는 사람은 남을 설득할 수 없으며 다른 사람으로 하여금 자신의 이야기에 집중할 수 없게 한다. 아무리 뛰어난 주장과 그것을 뒷받침하는 논리를 갖추었어도 그 점을 효과적으로 상대방에게 인식시키지 못한다면 아무 소용이 없다. 하지만 매력을 어필할 수 있는 이미지만 갖추어도 충분히 상대를 설득할 수 있다. 세련된 매너와 태도를 갖추고, 감동을 주는 대화를 할 수 있다면 당신의 설득력은 점점 힘을 지니게 된다.

그러니 설득 리더십의 대가가 되기 위해서는 무엇보다 매력으로 무장해야 한다. 이것은 정치가나 기업가 등의 리더에게만 해당하는 것이 아니다. 일을 기획하고 성사시키는 모든 과정, 타인에게 자신의 생각을 전달하고 납득시키는 게 소통에 있어 가장 중요하다는 점을 떠올려보면 현대사회에서 남을 설득할 수 있는 매력은 그만큼 중요하다.

누군가는 타고난 외모나 스펙을 들먹이며 자신에게 전혀 매력이 없다고 단언한다. 그러나 매력은 타고난다기보다 후천적으로 만들어지는 것이다. 개인에게 내재된 긍정적인 이미지를 발견하고 개발하는 과

당신은 매력 있는 여자가 될 수 있다

정을 통해 매력은 충분히 구축될 수 있다. 성공과 실패가 개인의 노력 여부에 따라 결정되듯 매력 또한 자신의 의지에 따라 얻어진다.

시중에는 셀 수 없이 많은 성공학 관련 책이나 자기계발 프로그램들이 널려 있다. 이 책 또한 성공을 꿈꾸는 현대 여성에게 가장 빠르고 실제적인 변화를 끌어낼 수 있는 노하우를 제안한다.

나는 20여 년간 이미지컨설턴트로서, 수많은 사람들에게 이미지컨설팅(매력을 만들어주는 작업)을 해왔다. 그들은 매력적으로 변한 자신들의 이미지에 무척 감동하고 만족했다. 그리고 자신들의 경쟁력 또한 높일 수 있었다. 즉, 이미지테크의 기본 개념인 '외적 이미지를 강화하여 긍정적인 내적 이미지를 끌어내어 시너지 효과를 얻게 하는 선순환 메커니즘'을 적용시켜, 수많은 사람이 매력적인 사람으로 거듭날 수 있게 했다.

매력적인 이미지의 구축이야말로 현대인의 삶의 질을 높여주는 도구이다. 요즘처럼 외모지상주의가 판을 치는 세상에서, 우리는 새로이 매력지상주의자가 되어 스스로 경쟁력을 키울 수 있어야 한다.

매력은 황금보다도 귀하고 가치 있는 보물이다. 나와 함께 매력 보물선을 타고 매력지상주의 세계를 만들어보자. 먼저, 당신 안에 내재되어 있는 매력이라는 보물을 발견하라. 그리고 그 보물을 캐내어 갈고닦아라. 하나의 반지가 완성되기까지 세공인의 의지가 담긴 땀과 노력이 요구되듯 당신 또한 매력이라는 반지를 얻기 위해 스스로 노력해야 할 것이다. 그리하여 매력이라는 행운의 반지를 껴보라. 당신의 내면은 매력지상주의자만이 느낄 수 있는 무한한 행복감으로 채워질 것이다. 매력 반지는 당신의 삶을 더욱 행복하고 풍요롭게 만들어줄 것이다.

개인의 매력을 연마할 수 있는 존재는 오직 자기 자신이다. 나는 당신이 매력이라는 보물을 발견하고 그것을 잘 다듬고 가꾸는 방법을 알려주는 안내자일 뿐이다. 안내자의 인도를 잘 따른다면 당신의 매력 반지는 누구나 감탄하는 영롱한 빛을 발할 것이다. 당신은 매력 있는 여자가 될 수 있다.

2011년 6월

정연아

당신은 매력 있는 여자가 될 수 있다

Part 2
매력이란 무엇인가?

Part 3
매력지수를 높이는 7가지 톱 시크릿

Part 4
매력 면접을 위한 7가지 테크닉

Part 1

매력 있는 여자가 성공한다

매력이란 단어에는 '신비한 이끌림 현상'이라는 뜻이 담겨 있다. 매력魅力의 사전적 의미는, '사람의 마음을 사로잡아 끄는 힘'이다. 한자의 '매'자는 '도깨비' 매로 귀신 귀鬼와 아닐 미未의 합성어이다. 도깨비가 정신적 성장이 미숙한 사람을 '홀린다'는 뜻에서 만들어졌다고 한다.

그렇다면 진정한 의미의 매력은 무엇일까. 매력 그 자체는 허상이고 추상적이지만 그 영향력은 실제적인 힘을 능가한다. 매력은 상대에게 칼날처럼 예리하고 섬세한 느낌으로 전달되지만 상대의 생각과 행동에 영향력을 미치는 강력한 메커니즘이다. 이런 이유로 오늘날 매력은 개인의 부가가치를 높이는 새로운 가치 수단으로 떠오르고 있으며 당신의 일과 사랑에서 경쟁력을 높이고자 한다면 매력의 가치를 과소평가해서는 곤란하다. 앞으로 더욱더 매력의 중요성이 강조될 것이기 때문이다.

매력으로
어필하는 시대

매력이란 과연 무엇일까. 어떤 사람이 매력적일까.

매력이란 단어에는 '신비한 이끌림 현상'이라는 뜻이 담겨 있다. 매력魅力의 사전적 의미는, '사람의 마음을 사로잡아 끄는 힘'이다. 한자의 '매'자는 '도깨비' 매로 귀신 귀鬼와 아닐 미未의 합성어이다. 도깨비가 정신적 성장이 미숙한 사람을 '홀린다'는 뜻에서 만들어졌다고 한다. 매력의 '매'자는 어휘 자체가 그만큼 강렬하다. 이 말은 누군가에게 매력을 느끼는 순간 정신적으로 마비되거나 미숙해진다는 뜻인데, 그 사전적 의미에 고개가 끄덕여진다.

영어에서 매력이라는 의미가 담긴 단어로는 Appeal, Charm, Attractive 등이 있는데 이는 내가 컨설팅, 세미나, 강연 등에서 자주 사용하는 용어들이다.

그렇다면 진정한 의미의 매력은 무엇일까. 매력 그 자체는 허상이고 추상적이지만 그 영향력은 실제적인 힘을 능가한다. 매력은 상대에게 칼날처럼 예리하고 섬세한 느낌으로 전달되지만, 상대의 생각과 행동에 영향력을 미치는 강력한 메커니즘이다. 이런 이유로 오늘날 매력은 개인의 부가가치를 높이는 새로운 가치 수단으로 떠오르고 있다.

이제 당신이 일과 사랑에서 경쟁력을 높이고자 한다면 매력의 가치를 과소평가해서는 곤란하다. 앞으로 더욱더 매력의 중요성이 강조될 것이기 때문이다.

외모가 전부는 아니다

얼짱, 몸짱이라는 단어는 우리에게 너무나 익숙하다. 이제는 그것으로도 모자라 꿀벅지, 베이글녀 등 외모에 관한 신조어가 하루가 다르게 생겨나고 있다. 그만큼 누구에게나 외모가 중요한 관심사로 떠오르고 있으며, 외모지상주의를 부추기고 있다.

외모지상주의의 흐름에 일조한 메커니즘으로는 단연 성형수술의 발달을 들 수 있다. 옛날처럼 생긴 대로, 타고난 대로 사는 것이 아니라 후천적으로 얼굴과 몸매를 만들어 외모에 대한 기대를 충족시켜주니 말이다. 이제 예쁜 얼굴 만들기 혹은 S자 체형 만들기는 연예인이나 외모의 비중이 큰 직업을 가진 여성들의 전유물이 아니다. 지하철역의 무수히 많은 성형광고는 물론 패션 매거진을 비롯한 온갖 영상물이 '당신도 성형수술을 하면 이렇게 예뻐질 수 있다'고 유혹하는 것을 넘어 강요하는 듯하다. 그만큼 성형수술이 대중화되면서 외모지상주의는 새로운 문화상으로 자리를 잡아가고 있다.

외모지상주의(루키즘lookism)는 내적인 실력은 물론 그 이면에 외모가 갖추어지지 않으면 불이익을 당한다는 신조어로, 1978년 〈워싱턴 포스트〉지에서 "비만한 사람들이 방어적 차원에서 '루키즘'이란 용어를 외모에 의한 차별의 의미로 사용하기 시작했다"고 처음 보도했다. 〈20세기 단어사전(옥스퍼드, 1999년 판)〉에서는 루키즘을 "외모를 근거로 한 편견이나 차별을 의미한다"고 정의했다.

루키즘은 2000년 8월 〈뉴욕타임스〉의 칼럼니스트인 윌리엄 세파이어William Safire에 의해 널리 알려지기 시작했다. 그는 외모가 인종, 성별, 종교, 이념 등과 마찬가지로 새로운 인간 차별의 요소라고 정의내렸다. 외모지상주의는 외모에 지나치게 집착하는 경향 또는 그러한 사회 풍조 현상이며, 개인 간의 우열뿐 아니라 연애, 결혼 등과 같은 사생활은 물론 취업, 승진 등 우리 삶의 성패까지 좌우한다고 밝혔다.

그렇다면 외모지상주의 현상은 언제부터 나타났을까. 사실 외모지상주의라는 단어는 신조어가 분명하지만, 그러한 문화는 인류의 시작부터 함께했다. 눈과 귀를 통해 상대를 느끼는 감정은 인간의 본능이라 할 수 있는데 상대의 외모에 따라 감정과 태도, 행동이 달라질 수밖에 없다. 성경에도 사람은 외양으로 상대를 판단하는 존재라고 분명히 밝히고 있다.

"내가 보는 것은 사람과 같지 아니하니 사람은 외모를 보거니와 나 여호와는 중심을 보느니라(삼상16:7)."

이 말은 신은 사람을 외모로 판단하지 않지만, 사람은 다른 사람을 외모로 판단한다는 의미이다.

외모는 개인의 의지나 선택이 아님에도 불구하고 외모로 인해 차별 당한다는 것은 억울함을 넘어 비인간적이기까지 하다.

마틴 루터 킹은 외모 차별에 대해 이렇게 호소했다.

"나의 자녀들이 피부색이 아니라 인격으로 평가받기를 원한다."

오늘날에는 외모로 인한 차별을 법에서 다루기도 하지만 과거에는 신분만큼이나 외모 차별이 더 심했으리라 생각된다. 고대나 중세 시대를 다루는 책이나 영화를 보면 그 시대의 권력자들이 몸이 불편한 사람이나 평민, 하층민의 외모에 대해 언급하는 장면이 얼마나 많은지.

고든 팻쩌는 자신의 저서 〈룩스〉에서 로마인의 외모지상주의에 대한 기준을 이렇게 소개했다.

"로마인의 이상적인 외모는 육체적 결함이나 흠이 없고 신체 각 부위가 전체와 조화롭게 관련되어 있는 상태이다."

과거의 여인들은 패션, 헤어, 메이크업이 단조로웠기 때문에 외모를 평가하는 기준을 얼굴과 몸매로 한정할 수밖에 없었다. 하지만 과거나 현대나 외모지상주의는 철저히 외모(얼굴과 체형)에만 초점을 두기 때문에 그 본질은 같다고 할 수 있다. 다만 오늘날의 외모지상주의는 과거처럼 타고난 그대로를 운명적으로 받아들이는 것이 아니라 후천적인 개인의 의지와 노력으로 외모지수를 높이는 기제(7가지 PI Personal Identity 요소)가 있다. 따라서 타고난 외모가 그리 탐탁찮아도 외모를 개선시키고 매력을 충분히 업그레이드할 수 있다. 자신의 이미지에 맞는 최상의 패션 스타일은 체형의 단점을 보완해준다. 자신에게 어울리는 헤어스타일은 각진 얼굴형의 결점을 커버해준다. 메이크업은 어떠한 얼굴도 분위기 있고 매력적으로 표현해준다. 당당한 자세는 자신감 있는 여성으로 부각시킬 수 있다. 작은 키는 하이힐을 신어 크게 보일 수 있다. 좀 더 적극적이라면, 성형수술도 할 수 있다.

결론적으로 현대 여성은 외모지상주의에 얽매어 있기보다 당당하고 자유로워질 필요가 있다. 자신의 의지로 충분히 외모지수를 높일 수 있다는 것은 현대 여성의 특권이기도 하니까 말이다. 생각해보면, 여성이 남성보다 외모를 업그레이드할 수 있는 영역이 넓다는 사실만으로도, 나는 여성으로 태어난 것이 얼마나 다행스러운지 모른다. 남자는 스커트를 입을 수도 없고, 화장으로 눈을 크게 만들 수도 없고, 하이힐도 신을 수 없을 테니까.

어쨌든 외모지상주의가 만연한 이 시대에서 온전히 외모로부터 자유로울 수 없는 것이 우리의 현실이다. 균형 잡히지 않은 이목구비, 탁월하지 않은 몸매, 보름달처럼 큰 얼굴, 누렇거나 거친 피부 등을 고민하다가 급기야 무리한 성형수술을 감행하기도 하는데, 그렇다고 외모 콤플렉스가 사라질까.

사실 여자라면 누구나 크고 작은 외모 콤플렉스를 가지고 있다. 세기의 배우 엘리자베스 테일러도 이중턱, 짧은 다리, 키에 비해 지나치게 큰 가슴에 열등감을 가졌다고 한다. 여배우 고현정은 늘씬한 몸매와 얼굴과의 비율이 나쁘지 않음에도 메이크업 아티스트에게 자신의 얼굴을 작아 보이게 셰이딩해 달라고 요구했다고 한다. 따라서 어떤 여자도 자신의 얼굴과 몸매에 만족하는 사람은 없다.

신이 준 몸매로 불리는 모델 장윤주의 늘씬한 체형과 송혜교의 예쁜 얼굴을 동시에 소유한 여성이 없는 것을 보면 신은 참 공평하다. 그럼에도 많은 여성이 투덜거릴 것이다.

"나는 장윤주의 몸매도, 송혜교의 얼굴도 갖추지 못했다고요!"

물론 못생긴 얼굴, 짧은 다리가 첫인상에서는 마이너스 이미지가 될 수 있다. 하지만 매력은 결코 육체적 이미지로만 결정되는 것이 아니다. 세련된 패션 감각과 표정, 매너, 스피치, 내면의 열정은 외적인 결점을 커버할 수 있는 매력 요소로 작용한다.

이제, 스스로 몸매도, 얼굴도 안 된다고 말하는 여성들이여, 매력 있는 여성이 되기를 결코 포기하지 마라.

매력 있는 여자가 성공한다

외모보다 강한 매력의 힘

기왕이면 다홍치마라고 비슷한 스펙이면 인상이 좋은 여성이 호감도가 높을 것이고 직장이나 비즈니스, 이성 간에도 유리하게 작용하는 것은 당연하다. 개인의 외모는 만남의 첫 관문이 되는 요소로 다음의 만남을 성공적으로 연결해주는 가교 역할을 한다. 반대의 경우엔 다음 만남으로 이어지는 데 걸림돌이 된다.

분명 첫 만남에서는 탁월한 외모가 매력의 중요한 요소로 작용하는 것임에 틀림없다. 첫인상에서 외모가 차지하는 비율이 80% 이상임을 감안하면 외모는 첫 만남에서 최고의 가치를 발휘한다. 눈으로 즉각 인지할 수 있는 1차적 이미지인 외모가 매력의 절대적 기준이 되기에 충분하다는 의미이기도 하다. 그래서 첫인상의 중요성은 아무리 강조해도 지나치지 않는다.

외모란 무엇인가. 사전에는 '겉으로 드러나 보이는 모양Appearance, Look'으로 나와 있다. 하지만 외모지상주의 시대에 살아가는 우리는 외모를 단순히 얼굴 생김새와 몸매로 단정 짓는 경향이 짙다.

사실 포괄적인 외양은 상대의 눈에 비쳐지는 PI 요소(시각적 이미지로 표정, 헤어스타일, 메이크업, 패션, 몸짓)로 규정하는 것이 타당하다. 현대인이 비키니 수영복을 입고 생활하는 라이프스타일이라면 몸매가 외모의 절대적인 조건이 될 것이다. 하지만 그렇지 않기 때문에 다양한 요소로 자기 표현이 가능한 패션이나 화장, 몸짓도 외모의 범주에

속한다. 그런데 이 요소들은 후천적으로 개발하기만 하면 충분히 매력 있는 외모가 될 수 있다.

그러면 외모가 좋다고 전부 매력 있는 여자가 되는 것일까. 물론 감각을 자극하는 문화가 판을 치는 이 시대에 여성의 '좋은 외모'는 그 자체만으로도 매력적으로 느껴질 것이다. 하지만 외모만으로 형성된 매력은 수명이 짧다는 것이 문제다. 단지 외모뿐인 매력은 만남이 길어질수록 점점 빛이 바랜다. 외모가 빛을 발산하는 시간은 불과 1~2초에서 길어야 몇 시간밖에 되지 않기 때문이다.

외적인 매력만으로는 여성의 삶의 질을 높일 수 없다. 예쁜 얼굴과 좋은 몸매는 매력을 재는 하나의 잣대일 뿐, 성공하는 여성의 삶을 보장해주는 안전 기제는 될 수 없다는 얘기다. 따라서 매력 있는 여자가 되기 위해 얼굴 성형이나 몸매 등 외모만으로 자신을 어필하겠다는 발상은 버려야 한다. 지적인 내면과 인성까지 갖추었을 때 비로소 매력은 제대로 빛을 발한다.

때로는 지성과 인성을 갖춘 여성이라도 자신을 표현하는 능력이 미숙하여 전혀 매력이 없는 여성으로 각인되기도 한다. 내적인 매력은 감각에 의해 인지되는 7가지 PI 요소를 통해서만 전달되기 때문이다. 즉 외적인 요소이자 시각적 이미지인 외모 Appearance(표정, 헤어, 메이크업, 패션, 보디랭귀지, 매너)와 청각적 이미지인 목소리 Voice에 의해 내적인 매력이 표출된다. 따라서 내적 매력과 외적 매력, 이 두 가지 요소의 조화가 정말 중요하다.

세상 사람들은 자신이 인지하는 기준에 따라 한 여자를 매력 있는 여자와 매력 없는 여자로 구별한다. 매력 있는 여자는 자기표현을 잘하고 자신이 상대에게 어떻게 비쳐질지를 늘 의식한다. 즉, 이미지 메이킹(상대의 눈과 귀를 의식하여 자기표현을 긍정적이고 적극적으로 조절하는 일련의 과정)을 잘하는 여자다.

매력 없는 여자는 다시 두 부류로 나눌 수 있다. 첫 번째 부류는 자신이 상대에게 어떻게 비쳐질지 전혀 의식하지 않는 것은 물론 매력의 필요성조차 느끼지 못하는 여자다. 두 번째 부류는 매력의 중요성은 알지만 단순히 자기를 표현하는 방법 즉, 자신의 스타일에 맞는 연출법을 잘 몰라서 매력 없는 여자로 살아간다. 그런데 이들은 매력의 가치를 인식하고 약간만 노력해도 매력 있는 여자가 될 수 있다.

매력은 자신의 의지와 노력에 따라 얼마든지 개발이 가능하다. 밝은 표정, 분위기 있는 화장, 멋진 패션 감각, 세련된 매너, 뛰어난 화술로 이성이나 비즈니스 상대를 사로잡을 수 있다.

이제부터 자기만의 뚜렷한 이미지도 없이 존재감 없는 여성으로 살아가기보다 매력 있는 여자라는 개인의 브랜드 이미지를 구축하여 자신의 부가가치를 높일 수 있어야 한다. 치열한 경쟁사회에서 살아남기 위해서는 저마다 타고난 개성을 부각시키고 매력을 업그레이드하는 과정이 필요하다. 매력을 업그레이드하라는 말을 막연하고 어렵게만 생각하지 말자. 매일 자신의 표정과 외모가 상대에게 어떻게 비칠지, 목소리와 발음, 말투가 어떻게 들릴지 의식하면 된다.

매력이 이 시대를 살아가는 데 얼마나 중요한 능력인지 깨닫는 순간, 당신은 매력 있는 여자로 변화하기 시작할 것이다. 이제는 외모보다 매력이다.

외모지상주의에서 매력지상주의로

젊은 층에서는 외모지상주의를 시대적인 사회현상으로 받아들이는 경향이 자연스럽지만, 동시에 외모지상주의에 대한 거부감 또한 여전히 뿌리 깊게 남아 있다. 이유는 자기표현을 부정적으로 바라보는 유교적인 정서가 아직도 우리 사회 전반에 깔려 있기 때문이다. 그래서일까. 우리 사회는 여성들의 지적인 내면은 인정하면서 외적인 매력은 터부시하는 경향이 여전하다. 또 다른 측면에서 여성의 뛰어난 외모가 비즈니스에서 때로는 쓸데없는 오해를 낳기도 한다. 가령 외모가 아름다운 여성은 내면이 비어 있다는 식의 편견이 작용하는 것이다.

유명 앵커인 백지연은 어떤 매체와의 인터뷰에서 자신이 앵커로 성공한 이유가 외모 때문이 아니었냐는 기자의 질문에 난감하고 억울하다고 언급했다. 이러한 유교적 정서로 인해 보수적인 조직에서 일하는 여성들은 이런 걱정을 하기도 한다.

"외모가 튀면(세련되면) 내면이 없어 보일까봐 걱정돼요!"

그러면 내가 반문한다.

"외모가 촌스러우면 속이 꽉 차 보이고 지적으로 보이나요?"

글로벌한 시대를 살아가는 현대인이라면 외모와 내면을 분리하는 발상은 너무나 진부하다. 이런 비시대적인 발상이 우리 사회의 경직된 분위기를 잘 말해주고 있다. 외모를 갖춘 여성들의 내공이 외모에 가려지는 경우가 그렇다. 한국인의 외모지상주의에 대한 거부감이 잘 나타나는 단면을 살펴보면 이렇다.

재작년, 〈SBS스페셜〉에서 '매력 DNA'가 방영되었다. 이 프로그램은 시청자들로부터 공감을 이끌어내면서 큰 반향을 불러일으켰다. 최근에는 방송제작팀에 의해 〈매력 DNA〉라는 책도 출간되었다. 이 책에는 국내 최고의 매력녀 김연아가 방송에서 매력 있는 사람으로 소개되지 않은 이유가 실려 있었다. 나는 그 대목을 읽고 피식 웃고 말았다. 제작팀은 방송에서 김연아를 매력 있는 여자로 실을 것인지, 말 것인지를 두고 고민에 빠졌단다. 그들은 방송을 기획할 때부터 타고난 외모를 가진 사람들은 배제한다는 것을 방송 취지로 정했단다. 그러니까 김연아는 타고난 외모가 탁월해서 매력 있는 사람의 사례자로 적격이 아니라고 판단했다는 것이다. 이 사실은 외모지상주의를 거부하는 한국인들의 정서를 의식했기 때문이리라.

김연아의 뛰어난 외모가 걸림돌이 되어 한국 최고의 매력녀, 아니 세계 최고의 매력녀가 매력 아이콘에서 빠지다니! 처음부터 외적인 매력을 배제한다는 방송 취지 때문에 김연아가 매력 DNA를 개발하는 사람의 반열에 오르지 못한 것이 못내 아쉬웠다.

김연아의 내적 매력은 외모 못지않다. 내적 매력이 뛰어난데 외모가 그저 그래서 손해를 보는 것도 안타깝지만, 뛰어난 외모로 인해 내면의 매력을 있는 그대로 인정받지 못한다는 것도 생각해보면 억울하다.

왜 사람들은 김연아의 치열한 내면적 매력을 외모 속에 가두고 싶어할까. 이는 한국인들의 외모지상주의에 대한 지독한 편견 때문이 아닐까.

그러면 김연아의 외모가 세계 신기록을 낸 것에 얼마나 큰 기여를 했을까. 물론 외모는 피겨스케이팅 선수에게 예술 점수에 영향을 주는 플러스알파 요인이다.

사실 피겨스케이팅의 역사상 김연아처럼 외모가 뛰어난 선수들은 얼마든지 많았다. 일본의 아사다 마오와 김연아의 외모를 비교해보자. 아사다 마오의 외모 또한 김연아보다 그리 빠지지 않는다. 어떤 사람들은 아사다 마오가 김연아보다 예쁘다고 말하기도 한다. 아사다 마오의 교과서적인 테크닉 연기도 김연아 못지않다. 그런데도 두 선수가 연출하는 피겨스케이팅의 아름다움과 우아함은 동계올림픽 때의 메달 점수만큼이나 그 차이가 컸다. 김연아의 연기는 머리끝에서 발끝까지 가녀린 얼굴과 몸매에서 특별한 매력을 발산한다. 만약 다른 선수가 똑같은 동작을 연출해도 그 느낌과 분위기는 절대 김연아와 같을 수 없을 것이다. 그것은 누구도 흉내 낼 수 없는 김연아만의 고도의 보디 랭귀지가 갖는 미묘한 매력의 차이다.

김연아의 외모는 전적으로 타고났을까. 그녀의 탁월한 외모 또한 체중 조절을 위해 먹고 싶은 것을 자제하는 등 후천적인 자기 노력 없이는 만들어지지 않았을 것이다. 하지만 진정으로 김연아에게 성공을 안겨준 본질은 예술적으로 타고난 재능과 끼다. 그리고 후천적으로 매력을 가꾸고 키워내는 열정이다. 그녀의 완벽에 가까운 표정과 작품에 걸맞는 최상의 연기는 이 두 가지 요소가 만들어 냈다. 그녀의 치열한 내공이 오늘의 김연아를 탄생시킨 것이다.

만약 우리 국민에게 외모지상주의에 대한 편견이 없었다면 김연아는 TV 프로그램에서 매력 있는 사람으로 소개되었을 것이다. 나는 글로벌 시대에 지나친 편견과 오해를 부르는 외모지상주의가 사라지고 보다 성숙하고 인격적인 매력지상주의가 통하는 사회, 나아가 진정 매력 있는 사람에게 기회의 장이 열리는 아름다운 사회를 꿈꾼다.

나는 여기서 새로운 신조어인 매력지상주의를 제안한다. 매력지상주의란, 외적 매력과 내적 매력(지성과 인성)이 균형을 이룬 사람이 인정받는 사회 풍조라고 할 수 있다. 매력지상주의는 경쟁이 치열한 사회일수록 개인의 능력을 분별할 수 있는 잣대가 될 수밖에 없다. 따라서 이 시대에서 경쟁력을 키우기 위해서는 매력지상주의형 인간이 되어야 한다.

여성의 매력은 무엇보다 자기 안에 내재되어 있는 매력을 발견하고 개발하는 과정에서 형성된다. 그러니 표정이 굳어 있고, 패션 감각도 없고, 걸음걸이도 예쁘지 않고, 말도 잘 못하더라도 상관없다. 외적인 매력은 화초처럼 가꾸고 잘 다듬으면 충분히 구축할 수 있다. 내적인 매력 또한 끊임없는 자기계발과 열정을 통해 키움으로써 얼마든지 매력지상주의형 여자가 될 수 있다.

매력으로 얻을 수 있는 3가지 가치

매력지상주의는 사랑과 비즈니스, 면접에서 자신의 가치를 판단하는 경쟁 도구도 되지만 궁극적으로 우리의 삶을 윤택하게 만들어주는 행복기제가 될 것이다. 따라서 매력지상주의형 여성은 다음과 같은 세 가지 가치를 얻을 수 있다.

첫째, 정신적 가치다. 매력 추구의 본질은 상대를 의식하는 데서 출발하지만 결국은 자기 자신을 위한 것이다. 상대로부터 매력 있는 사람으로 인정받는다는 사실을 아는 순간 행복해지기 때문이다. 외적인 매력 구축은 긍정적이고 적극적인 내면의 소유자로 만들어준다. 외적인 매력이 업그레이드될 때마다 더 큰 자신감이 생기기 때문이다. 이는 내적 매력을 키워주는 뿌리다.

매력 있는 여자가 성공한다

우리는 누구나 매력지상주의가 추구하는 내외적 매력의 조건을 갖추었을 때 정신적으로 충만해지고 행복감을 느낀다. 즉 외적인 이미지 개선으로 자신감을 얻어 내적인 매력을 강화시키는 이미지테크의 기본 원리와도 일치한다. 결국 자기만족에서 건강한 정신이 잉태된다는 것을 의미한다.

둘째, 사회적 가치다. 인간은 사회적 존재로 개인의 매력은 사회성과 밀접한 관계가 있다. 따라서 모든 인간관계는 매력의 유무에 따라 만남의 지속 여부가 결정된다. 누구나 친구, 친지, 이성, 비즈니스 상대에게 자기도 모르게 부정적인 이미지를 줌으로써 만남이 어색해지고 인간관계가 단절되기도 했던 경험이 있을 것이다. 이미 한 번 전달된 부정적인 이미지는 상대에게 강하게 각인되어 복구가 매우 어렵다. 그래서 매력 있는 여성은 자신의 외모와 대인관계에 있어 처세술을 중요하게 여긴다.

매력으로 얻어지는 사회적 가치는 우리의 생각보다 훨씬 더 크다. 매력 있는 여성은 상대적으로 좋은 사람들을 만날 수 있는 기회가 많다. 나날이 사회성이 좋아져 다양한 인맥을 형성하고 많은 정보를 얻게 된다.

우리의 인생은 어떤 사람들을 만나느냐에 따라 삶의 질이 달라질 수 있다. 특히 이성 간의 만남은 결혼과 밀접한 관계가 있을 뿐만 아니라 여성의 삶에 많은 변수를 제공한다. 좋은 사람들과의 만남을 위해서는 먼저 매력 있는 여성이 되어야 한다.

셋째, 경제적 가치다. 사람들은 행복한 삶을 위해 돈을 벌고 저축을 한다. 그런데 진정 경제 효과를 높이기 위해서는 매력 있는 사람이 되어야 한다. 당신이 비즈니스에서 매력적인 존재로 어필되면 좋은 결과가 형성될 확률이 높아진다. 반대로 매력이 없다면 실적을 올릴 만한 기회를 상실할 수도 있다. 이는 통장에서 현금이 빠져나가는 것과 똑같은 결과를 초래한다. 그래서 부자가 되려면 매력적인 사람부터 되어야 한다. 돈을 벌기 위해 일련의 시간과 노력을 투자하기 전에, 먼저 자신의 매력을 위한 투자가 필요하다. 경제적인 투자는 손실의 위험이 따르지만 매력을 위한 투자엔 손실도 없다.

매력과 경제는 서로 떼려야 뗄 수 없는 연관성이 있다. '빈익빈 부익부'의 경제 원칙은 매력 원칙과도 일맥상통한다. 매력 있는 여자는 더욱 매력이 있어지고 매력 없는 여자는 늘 매력이 없는 식이다. 그리고 저축통장에서 이자가 점점 불어나는 것처럼 매력 또한 구축할수록 매력이 더해진다. 매력은 그만큼 부가가치가 높다.

부자가 되고 싶다면, 이성에게 어필하고 싶다면 먼저 자신의 매력지수(p. 56 참조)부터 체크해보라. 그리하여 부족한 매력은 업그레이드하면 된다. 매력을 위한 노력만큼 확실한 투자는 없다.

매력 있는 여자가 성공한다

외모 차별을 당한 여자의 매력 반전

내 연구소의 프로그램인 이미지컨설턴트 양성 과정이 개강되던 첫날, 신사동의 강의실에는 2, 30대의 여성 열대여섯 명이 제각기 눈을 반짝이며 앉아 있었다. 그런데 그녀들 중에서 유독 스타일리시한 여성이 내 눈에 들어왔다. 굵은 웨이브 헤어스타일을 세련되게 연출한 머리에 스키니 진 청바지를 입고, 아이보리색의 더블 브래스티드 재킷 안에 실크 스카프를 길게 늘어뜨린 그녀가 멋스러웠다. 나도 모르게 강의를 하는 내내 그녀에게 눈길이 자주 갔다. 그녀의 앉은 모습에서도 자신감과 당당함이 묻어났다. 나는 속으로 그녀의 얼굴이 결코 예쁘지도 않은데 왜 자꾸만 그녀에게 끌릴까 생각했다.

이 과정은 늘 그렇듯, 개강일 첫 강의가 끝나면 자기소개 시간이 있다. 한 사람씩 앞으로 나와서 자신의 이름을 밝히고 직업, 나이, 이미지 컨설턴트 과정을 듣게 된 동기와 바람을 발표한다. 나는 그녀의 자기소개를 듣고서야 그녀에게 끌리는 진짜 이유를 알게 되었다. '겉볼안'이라고 했던가. 그녀는 자신의 세련된 외모만큼이나 시원시원하게 자신을 소개했다. 알고 보니 그녀는 바리스타 과정을 이수하고 커피숍을 운영하면서, 커피 브랜드 창업 컨설턴트로서 활발하게 활동하고 있었다.

"안녕하세요. 저는 보시다시피 못생긴 얼굴을 가진 여자입니다. 그래서 어릴 때부터 대학을 졸업할 때까지 외모 차별을 많이 받았습니다. 학교 선생님들은 얼굴이 예쁜 여자아이들만 좋아하시더군요. 저의 성장기는 못생긴 얼굴로 외로웠고 상처가 많았습니다. 하지만 제가 성인이 되고나서는 못생긴 얼굴 때문에 스트레스 받지 않기로 했습니다. 성형수술이요? 저는 안 해요. 다만 날씬한 제 체형을 돋보이게 하는 패션이나 헤어스타일, 화장, 자세, 걸음걸이, 매너, 스피치는 신경 쓰지요. 또한 저는 내적인 자기계발을 위해서도 애씁니다. 그런 의미에서 이미지컨설턴트 과정에 지원하게 되었고요. 이제 저는 이전에 가졌던 외모 콤플렉스 따윈 느끼지 않습니다. 저 나름대로 매력 있는 여자라고 생각합니다. 사람들도 지금의 저를 매력 있는 여자로 봐주더군요."

그녀는 못생긴 얼굴을 가졌지만, 후천적인 매력 업그레이드로 자신의 삶을 반전시킨 정말 멋진 여성이었다. 나는 그녀의 발표가 끝나길 기다려 질문했다.

"학교 선생님들에겐 얼굴이 예쁜 아이보다는, 교과목 성적이 좋은 학생이 매력 순위 1위 아닌가요?"

"저는 공부 잘했어요!"

나는 그만 할 말이 없어져 웃고 말았다. 하지만 속으론 얼마나 많은 여성들이 못생긴 얼굴과 체형 때문에 상처받고 있을까 생각하니 마음이 짠해졌다.

외모 차별은 학교뿐 아니라 직장에서도 자주 일어난다.

국내 종합병원의 일반외과 의사인 A(32세, 기혼)씨는 출산휴가 중이었다. 그녀는 휴가가 끝나면 다른 종합병원에서 근무하기로 되어 있었다. 그녀는 몸을 추스르는 동안 새로운 각오도 다질 겸해서 이미지 컨설팅을 받아보기로 했다. 나와 대화를 나누던 중 그녀는 이전에 근무했던 병원에서 선배 의사로부터 외모 차별을 당한 이야기를 자연스럽게 꺼냈다.

"저희 과장 교수님은 저를 항상 냉랭하게 대하셨어요. 사소한 실수라도 하면 얼마나 호되게 야단치시는지, 처음에는 원래 성품이 그러시겠지 했어요. 그런데 어느 날 예쁜 후배 의사가 들어왔는데 그 교수님의 태도가 확 달라지는 거예요. 그 후배는 저보다 실수도 훨씬 많이 했는데도 교수님이 화를 내기는커녕 미소를 지으시면서 조심해야지 하시곤 했어요. 저는 그 교수님과 함께 일하는 게 점점 불편했고 결국 다른 병원으로 옮기기로 결정했죠."

진료와 수술만 잘하면 될 것 같은 여의사가 외모 차별을 당했다는 말에 어이가 없었지만, 한편으로는 수긍이 전혀 안 되는 것은 아니었다. 사람 사는 곳이라면 어디에서나 똑같은 일이 일어날 테니까.

나는 가장 먼저 그녀를 매력 없는 여자로 보이게 한 퍼스널 아이덴티티의 요소를 찾아내야 했다. 그녀는 보통의 평범한 여성처럼 수수한 외모에 피부색은 노란빛이 도는 어두운 톤으로 차분한 얼굴 생김새Natural Image(가을 사람)였다. 생기 없는 눈빛과 무표정한 얼굴, 푸석푸석한 피부, 어깨 길이의 생머리 스타일은 가라앉은 느낌을 주었다.

나는 그녀의 매력 이미지 콘셉트를 '분위기 있고 깊은 매력을 발산하는 이미지'로 정했다. 먼저 가장 짧은 시간에 드라마틱하게 변화를 줄 수 있는 메이크업과 헤어로 매력적인 얼굴을 연출했다. 전체적인 얼굴 톤은 의사라는 전문직을 의식하여 가볍게 표현하되, 피부색과 비슷한 톤의 비비크림을 얼굴 전체에 펴 바르고 페이스파우더로 유분기를 제거하여 자연스러움을 살렸다.

눈 화장은 오렌지 계열의 아이섀도를 눈두덩에 은은하게 펴 바르고, 브라운과 와인색을 섞어 눈꼬리에 음영을 주어 분위기와 깊이 있는 눈매를 강조했다. 블랙 아이라이너는 피하고(너무 강해 보일 수 있으므로) 암갈색 아이라이너로 그렸다. 눈매가 한결 분위기 있고 매력적으로 보였다.

입술은 와인 계열의 립스틱으로 립라인을 그리고 입술 안쪽은 베이지 핑크 립스틱으로 메워 립라인이 도드라지지 않게 그러데이션시켰다.

볼 화장은 펄이 없는 오렌지가 섞인 베이지 치크 컬러를 블러셔에 묻혀 한 듯 안 한 듯 은은하게 표현하여 혈색을 더했다.

분위기 있는 눈매와 도톰한 입술의 포인트 메이크업은 그녀의 혈색을 한결 밝고 매끄러운 피부로 돋보이게 해주었다. 그녀가 즐겨 사용했던 핑크 펄 아이섀도와 립스틱은 바로 쓰레기통에 버리라고 했다. '가을 사람'에게 펄이 섞인 색조 화장품은 상극이다.

어깨 길이의 생머리는 굵은 웨이브 펌을 해서 우아하게 연출했다.

그녀의 패션 컬러는 내추럴 컬러가 베스트 초이스였다. 그녀의 가늘고 긴 목에는 목을 감싸주는 하이넥 스타일의 아이보리색 면 블라우스가 더없이 우아해 보였다. 평소 출근복으로는 포멀하면서도 베이식한 슈트를 입되, 이너웨어로 세련된 분위기를 연출하도록 했다. 스커트보다는 활동성이 돋보이는 팬츠 스타일을 입어 의사라는 전문직에 어울리는 프로페셔널한 이미지를 확보할 수 있었다. 때로는 재킷 안에 볼드하고 과감한 네크리스로 악센트를 주거나 고급스러운 분위기의 스카프를 활용하는 것도 제안했다.

그런데 그녀를 매력 없어 보이게 하는 또 하나의 PI 요소가 있었는데 바로 자세(보디랭귀지)가 문제였다. 전체적으로 자세가 구부정할 뿐만 아니라 왼쪽 어깨가 눈에 띄게 기울어져 있었다. 자세가 바르지 못하니 걸음걸이도 매력적이지 않았다. 아무리 아름다운 화장과 헤어, 세련된 옷차림을 해도 자세가 나쁘면 매력지수는 낮아진다. 설 때, 앉을 때, 걸을 때의 바른 자세는 여성의 품격을 결정짓는 중요한 요소이다. 그녀는 의대생으로 공부만 했으며 의사가 되고 나서는 환자를 진료하고 수술하면서 앞으로 숙이는 자세가 반복되다 보니 어깨가 구부정한 자세로 굳어졌다. 그녀에겐 바른 자세 교정이 필요했다.

먼저 '벽에 온몸 밀착시키기' 자세를 훈련시켰다. 자세가 잘못될수록 바른 자세를 취하기 어려운데 그녀는 그동안 잘못된 자세에 익숙했기에 1분도 채 견디지 못하고 힘들어했다. 그리고 선 자세, 앉은 자세를 각각 3분 동안 유지하게 했다. 자세 교정 후에는 걸음걸이를 연습시켰는데, 나는 그녀가 워킹하는 모습을 지켜보며 말했다.

"흰색 가운을 입고 당당하게 병원 복도를 걸어가는 멋진 여의사를 상상해보세요."

나의 말에 그녀의 표정에서 진지함이 묻어났다. 그리고 얼마 후 그녀로부터 새로 출근한 병원에서 잘 적응하고 있다는 피드백을 받았다. 외적인 매력을 업그레이드한 결과 새로운 인생을 찾은 그녀의 당당한 모습이 머리에 그려졌다.

외모 차별은 정말 비인격적이고 속상한 일임에는 틀림없다. 인격과 실력으로 인정받는 그런 세상이 없을까. 그러나 지구 종말이 오기 전까지는 이 세상에서 외모 차별은 사라지지 않을 것이다. 하지만 우리에겐 절대 희망이 있다. 매력 업그레이드로 외모를 개선시킬 수 있으니까. 나는 어떤 여성이라도 매력으로 삶을 반전시킬 수 있음을 확신한다.

이지아의 진짜 매력은 무엇일까

배우 정우성이 이지아와 연인 사이라고 발표한 지 얼마 지나지 않아 이지아가 서태지와 부부였다는 사실이 밝혀져 연예계가 발칵 뒤집혔다. '도대체 이지아가 얼마나 매력 있는 여자이기에 최고의 매력남들을 사로잡을 수 있었을까? 서태지와 결혼까지 했을 정도라면 그녀는 어

매력 있는 여자가 성공한다

떤 매력을 갖추었을까?' 많은 여성들이 희대의 스캔들에 놀라워하면서 내심 그녀를 부러워했을 법도 하다. 그날 이후 나는 이지아의 매력 탐구에 관심이 쏠렸다.

"착하고 하루 종일 함께 있어도 지루하지 않은 여자!"

서태지가 밝힌 매력 있는 여인상이다. 사실, 그의 말에는 남성이라면 모두 좋아할 여자의 매력 조건이 담겨 있다. 그 말은 꼭꼭 감춰 두었던 이지아를 두고 한 말이었을 것이다.

그럼 이지아의 외적 매력부터 살펴보자. 그녀는 여느 연예인들처럼 아름다운 외모를 가졌다. 흰 피부에 청순한 듯 귀족적인 얼굴, 지적인 눈매, 늘씬한 몸매, 세련된 패션 감각까지 갖췄다. 게다가 그녀의 스펙인 내적 매력은 가히 남다르다. 늦은 나이에 영화배우로 데뷔했음에도 그녀는 훌륭한 연기력을 과시했다. 그녀야말로 다재다능한 팔방미인으로 불리며 화제를 뿌려 왔다. 유창한 외국어 실력(미국과 일본에서 살면서 습득했다지만)은 그녀의 차분하고 지적인 이미지를 더욱 부각시켰다. 그것도 모자라 작사와 노래는 물론 '하드록' 밴드의 베이시스트로 뛰어난 연주 실력까지 발휘했다.

그녀는 사건이 터진 후 "서태지를 진심으로 사랑했었다"고 고백했다. 19세의 어린 나이에, 사랑이라는 이름하에 슈퍼스타와 비밀결혼을 했지만 막상 현실은 생각과는 많은 차이가 있었을 것이다. 서태지는 신비주의를 내세운 뮤지션으로 사랑하는 여인과 함께하는 두 줄 타기

인생을 추구했겠지만 그녀의 입장에선 견디기 힘들었을 것이다. 어린 나이에 한평생 숨은 여인으로 살아야 하는 것은 물론 남편이 미혼인 척해야 하는 상황을 받아들여야 할 때마다 얼마나 외로웠을까. 그녀는 그런 고통에서 벗어날 수 있는, 다른 무언가에 집중할 수 있는 일이 절실했을 것이다. 아울러 서태지가 좋아하는 여자 즉, 하루 종일 같이 있어도 지루하지 않은 여자가 되고 싶었을 것이다.

그녀가 '반쪽짜리' 남편을 향한 관심을 자기 자신에게 돌림으로써 외로움에서 벗어날 수 있는 유일한 방법은 내적 매력을 쌓는 것이었으리라. 그렇다면 그녀의 탁월한 내적 스펙은 타고난 것일까. 그녀는 한 TV 프로그램에서 그녀의 재능에 대해 묻는 기자의 질문에 이렇게 대답했다.

"반복하고 또 반복해서 연습했어요."

그녀가 스펙을 쌓기 위해 얼마나 노력하고 인내했는지 짐작되는 부분이다. 그런데 그녀는 어릴 때부터 내공이 강한 인물은 아니었던 것 같다. 줄곧 베일에 가려 있던 그녀의 과거가 드러나면서 중학교 동창들은 그녀에 대해 빼어난 외모와 서태지 춤을 잘 췄다는 말을 했다. 하지만 공부를 잘했다는 언급이 없는 것으로 보아 그녀가 내적 스펙 쌓기에 치열해진 것은 서태지를 만난 이후라고 볼 수 있다.

이지아가 내적 매력을 키우는 데는 꿈과 열정이라는 두 가지 키워드가 있었다. 먼저, 그녀는 꿈꾸는 소녀였다. 어린 소녀가 서태지의 노래

매력 있는 여자가 성공한다

를 좋아하면서 서태지와 결혼하고 스타가 되는 것을 꿈꾸었다고 하니 남다른 '꿈쟁이'임에 틀림없다.

두 번째, 그녀는 열정적인 여자다. 서태지를 단지 좋아하는 것에 그치지 않고 콘서트에 직접 찾아가는 행동력(적극성)이 있었기에 그와 결혼도 할 수 있었다. 그리고 반쪽 사랑의 나머지 반을 자기계발로 채우기까지의 치열한 노력은 그녀가 남다른 열정을 가진 여성임을 여실히 보여준다.

결론적으로 이지아의 탁월한 매력은 유창한 외국어 실력과 다양한 스펙, 세련된 패션 감각에 있다. 그녀의 원어민 수준의 영어 실력은 지적인 이미지를 더해주고, '소피스트케이트' 스타일의 심플하고 세련된 옷을 입고, 베이스기타를 열정적으로 연주하는 그녀를 보고 반하지 않을 남자가 있을까.

그런데 그녀의 매혹적인 사진을 보노라면 서늘한 눈빛에서 사랑에 대한 아픔과 상처가 진하게 배어 있다. 그녀가 무엇을 추구하고 싶었는지는 한 영화 시상식에서 자신이 직접 디자인한 드레스에서 엿볼 수 있다. 그녀는 하얀 드레스에 까만 영문 필기체로 새겨진 글자 'irresistible (억누를 수 없는, 유혹적인, 너무 매력적이어서 거부할 수가 없는)'에 자신의 마음을 담아냈다. 스스로 팜파탈Femme Fatale(사회심리학 용어로 최근에는 강렬한 이미지를 가진 여성을 표현할 때 긍정적 의미로 쓰임. 영화 〈원초적 본능〉에서의 샤론 스톤이 대표적 캐릭터)의 매력을 소유한 여자가 되고 싶었으리라.

나는 이지아가 매력적인 여성이라고 단정 짓는다. 그녀는 내외적인 매력을 모두 갖췄기 때문이다. 아름다운 외모, 그 자체만으로는 지루해지고 매력의 생명이 짧다. 반대로 내적 매력은 만남을 오래 유지시키는 근원이 된다. 그녀처럼 내적 스펙을 갖춘 여자는 누구와도 소통이 잘된다. 그것은 상대와의 만남에서 재미가 있고 지루하지 않다는 것을 의미한다. 최근 정우성은 한 잡지와의 인터뷰에서 그녀의 매력에 대해 이렇게 말했다.

"그녀는 대화가 재미있는 사람이다. 서로가 서로에게 첫눈에 호감가는 스타일은 아니었지만 대화가 신선하고 재미있었다. 그럴수록 더 알고 싶고, 알면 알수록 더 대화가 재밌어졌다."

이 말을 통해 우리는 이성과의 만남에서조차 소통이 얼마나 중요한지 알 수 있다. 말이 통하는 여자, 이지아는 매력적이다. 그녀는 날이 갈수록 더욱 매력 있는 여자가 될 것이다. 그리고 진정 매력 있는 여자 연예인의 롤 모델이 될 것이다.

매력은
나의 힘!

나는 오래 전부터, 내 내면에 어떤 긍정적인 힘이 가득 채워진 듯한 느낌을 갖고 있었다. 그 힘은 내 표정과 목소리, 몸짓 등에 실려 밖으로 분출되었다. 그것은 내가 원하든 원치 않았든 간에, 상대에게 그대로 투사되었다. 나는 그 실체가 막연히 열정일 것이라고 생각했다. 그런데 그 열정 하나만을 내 정체성의 전부로 치부하기엔 역부족인 것 같았다. 나는 최근에야 그 힘의 원천을 발견했다. 매력이었다. 내 안에 있던 열정은 매력의 한 조각에 불과했다. 나는 이 책을 쓰면서 매력의 조각들을 샅샅이 찾아냈다. 진정 '나된 나'가 되게 한 것은 매력의 힘이었다. 매력은 나의 힘이다.

나는 매력 없는 여자였다

한국에서 매력적인 여성을 발견하는 것은 그리 쉽지 않다. 그녀들 손에 들려 있는 스마트폰의 시크함에 비해 그녀들의 스타일은 한참 뒤떨어진 느낌이다. 거리에서나, 사무실에서 일하는 여성들을 봐도 비슷비슷한 유행 스타일을 한 개성 없는 이들 일색이다.

나는 한국 여자들이 지적인 내면에 비해 외적인 매력을 발산하지 못하는 것 같아 안타깝다. 어설픈 메이크업과 헤어스타일, 남의 옷을 빌려 입은 듯한 어울리지 않은 차림새…….

그렇다고 모든 여성이 첨단 제품을 광고하는 모델처럼 풀 메이크업을 하고 몸에 피트되는 샤이닝한 소재의 미니스커트를 입으라는 것은 아니다. 자신을 보다 매력적으로 만드는 스타일을 알지 못하는 것이 아쉬울 뿐이다. 나는 매력 없는 여자들을 볼 때마다 매력 불감증에 걸렸다고 생각한다. 그녀들은 대부분 매력의 원칙을 전혀 모른다. 그럼, 우리가 흔히 마주치는 매력 없는 여자들의 모습을 살펴보자.

무표정하고 뚱한 얼굴을 한 여자, 넓은 얼굴형과는 상관없이 머리에 빨간색의 큰 꽃이 달린 헤어밴드를 한 여자(머리에 빨간 꽃을 단 북한의 어린이가 연상된다), 납작한 뒤통수는 고려하지 않고 포니테일 헤어스타일을 한 여자, 머리를 아무렇게나 뒤로 질끈 묶고 출근하는 여자, 작은 눈을 매력적으로 표현한다고 분홍색 펄 아이섀도를 발라 눈을 더 작아 보이게 화장한 여자, 요정 이미지를 연출한답시고 피에로처럼 립스

매력 있는 여자가 성공한다

틱을 우스꽝스럽게 바른 여자, 추레하게 옷을 입은 여자, 지나치게 튀는 옷을 입은 여자, 허벅지살이 비어지는 데도 미니스커트를 입고 거리를 활보하는 여자, 앉아 있을 때 골반바지 안의 속옷과 엉덩이가 훤히 들여다보여도 뒷모습에 무신경한 여자, 엉덩이에 딱 붙는 흰색 하의에 팬티 라인이 그대로 드러나는 여자, 자신의 얼굴 이미지와 체형과 너무 동떨어진 스타일의 옷을 입은 여자, 심한 노출 패션으로 도서관에서 공부하는 여자, 과도한 킬힐로 구두만 보이는 여자, 심한 팔자걸음을 걷는 여자, 무릎과 무릎 사이가 10cm나 떨어져 걷는 여자, 신발을 질질 끌면서 걷는 여자, 어깨를 잔뜩 구부린 자세로 앉아 커피를 마시는 여자, 짝다리로 서서 버스를 기다리는 여자, 상대를 배려할 줄 모르는 여자, 출근 시간에 북적이는 지하철 안에서 주위 사람의 시선은 아랑곳하지 않은 채 화장하는 여자, 공공장소나 식당에서 립스틱을 바르는 여자, 식당 의자 위에 책상다리로(그것도 맨발로) 앉은 여자, 공공장소에서 뒷정리를 안 하고 자리를 떠나는 여자, 카페에서 줄담배를 피우는 여자, 손으로 입을 가리지 않고 하품하는 여자, 30대임에도 어린아이 목소리로 말하는 여자, 발음이 정확하지 않고 우물거려 답답한 여자, 교양 없는 말투를 툭툭 내뱉는 여자, 초지일관 자기주장만 내세우는 소통이 안 되는 여자, 지나치게 이기적인 여자……들은 정말 매력이 없다.

나는 홍대 앞에서 30년째 살고 있는데, 거리를 지나칠 때마다 직업

의식이 발동하곤 한다. 그래서 그녀들의 외모와 태도를 분석하는 것이 습관이 되었다. 홍대 앞 로데오거리는 젊은 여성들의 최신 유행과 개성 있는 스타일까지 한눈에 볼 수 있다. 오후로 접어들수록 스타일이 더욱 다양해지는데 과다한 노출과 대범한 스타일을 연출한 여성들로 거리가 메워진다. 그녀들은 의식적으로 패션, 헤어, 메이크업, 몸짓에서 팜파탈의 과한 매력을 추구하는 것일까.

그런데 왠지 그녀들을 볼 때마다 과거 나의 20대가 연상되곤 한다. 이제 와서 이런 말을 하기가 좀 민망하지만, 30여 년 전의 나는 정말 매력 없는 여자였다. 나는 20년 전부터 이미지컨설턴트로 일하면서도 표정, 스피치, 패션, 헤어, 메이크업, 태도, 몸짓에서 무수히 부정적인 이미지를 남발해왔다(물론 지금도 매력 없는 여자일 때도 있다). 나는 과거의 베스트Best 이미지는 남겨 두고, 많은 사람에게 각인되었을 나빴던 이미지를 지우개로 지우고 싶을 만큼 매력이 없는 여자였다. 그런 내가 이미지컨설턴트로 왕성하게 활동하고 있다는 사실이 스스로 생각해도 아이러니하다.

나는 요즘도 매력 없는 나 자신을 발견하거나 이미 다른 사람의 인식에 박혀버렸을 과거의 부정적 이미지로 종종 자괴감을 느끼곤 한다. 그럴 때마다 긍정적인 발상으로 나 자신을 위로하곤 한다. 내가 '퍼스널' 이미지에 대한 인식이 강해서, 그리고 매력 강박증 때문에 내 실수가 커 보이는 것이라고 말이다.

사실 나는 누구보다도 '이미지메이킹'과 '이미지테크'의 효과를 톡톡히 누린 장본인이다. 그럼에도 나는 여성부로부터 대표 멘토로 선정되었으며 수많은 여성으로부터 닮고 싶은 여성이라는 고백과 메일을 받아 왔다. 그럴 때마다 그녀들이 만약 과거의 나를 알아도 나를 닮고 싶어 할까 하는 생각에 혼자 웃고 만다.

과거의 나는 주변의 시선을 별로 의식하지 않는 여자였다. 내 표정에는 감정의 컬러들이 그대로 드러났다. 그런 내가 표정 연구가가 되었다. 나의 패션이 상대에게 어떻게 보일까는 전혀 안중에도 없었다. 거울에 비친 내 모습에 스스로 만족하면 그만이었다. 스피치는 머리에서 떠오른 느낌과 생각을 어떠한 필터링도 없이 입 밖으로 쏟아내면 그만이었다.

20대 초반의 나는 매력의 기준을 오해했다. 남들과 차별화되는 스타일만이 매력적이라는 편견에 사로잡혀 있었다. 대학에서 산업디자인을 전공했기에 오로지 외모를 튀게 연출해야 하는 것으로 알았다.

1970년 후반, 한때 디스코 바지가 크게 유행할 즈음, 나는 영화 〈토요일 밤의 열기〉를 보자마자 디스코 바지를 당장 입고 싶었다. 그런데 내가 너무 앞섰던 까닭에 디스코 바지가 시중에 나와 있지 않았다. 한번 '필'이 꽂히면 기다리지 못하는 나는 외국의 패션지를 사들고 동대문시장에서 천을 끊어다가 동네 의상실에 가서 디스코 바지를 맞춰입었다. 그 바지를 캠퍼스에서 가장 먼저 입고 다녔으니 얼마나 튀어

보였을까.

헤어스타일 또한 당시 최고의 인기 가수인 윤시내의 풍성한 단발 퍼머 머리를 하고 다녔다. 그 당시 메이크업은 눈과 볼을 진하게 강조하는 일명 '도깨비' 화장이 크게 유행했다. 내 큰 키에 디스코 바지, 단발 퍼머, 도깨비 화장을 하고 다녔으니 매력은커녕 튀기만 했다. 남자 대학생들에겐 내 스타일이 부담스러웠을 것이 분명했다. 내가 남자 친구 없이 대학생활을 보낸 이유가 순전히 튀는 외모 때문이란 것을 뒤늦게 알게 되었다. 그 당시만 해도 보수적인 사회 분위기가 팽배했기에 외모가 튄다는 사실만으로도 남자들 입장에서는 편하지 않았던 것이다.

지금 와서 생각해보면, 내가 원했던 스타일로 인해 손해를 본 것이 많았던 것 같다. 어릴 때부터 거울 앞에서 외모를 치장하는 것이 취미였고 내가 원하는 스타일대로 표현만 하고 다녔을 뿐이었는데 말이다.

내 안에 내재된 매력 DNA를 찾다

나는 튀는 외모가 불이익을 준다는 것을 뼈저리게 깨닫고 진정한 내 스타일을 찾기 시작했다. 서른에 접어들면서 보다 자연스럽고 차분한 스타일을 선호했는데, 튀는 이미지와 정반대의 이미지 연출을 시도해 봤다. 내추럴 스타일의 '가을 사람' 이미지였다. 내 옷장은 따뜻한 가을 컬러인 베이지, 브라운, 커피색, 카키색 옷이 주를 이루었으며 니트

매력 있는 여자가 성공한다

나 면, 마와 같은 자연 소재로 채워졌다.

나는 패션 컬러만큼은 자신이 있었다. 나의 피부색과 얼굴 생김새와 상관없이 일반 색채 이론만으로 컬러를 매칭한다면 옷 잘 입는 여자가 될 수 있다고 생각했다.

훗날 이미지컨설팅을 공부하면서 알게 된 사실이지만, 나는 가장 피해야 할 '가을 사람'의 컬러와 소재들만 줄기차게 고집했던 것이다. 따뜻하고 부드러운 색상과 자연 소재를 입으면 얼굴 이미지도 따뜻하고 부드럽게 보이는 줄 알았다. 그때만 해도 퍼스널 컬러 이론이라는 게 있는 줄도, 개인의 컬러 DNA는 후천적인 요소가 아니라 타고난다는 사실도 전혀 몰랐다. 결국 30대 초반을 지나 이미지컨설팅을 공부하면서 퍼스널 컬러 이론을 접하게 되었다.

내 피부색과 얼굴 생김새는 모두 '겨울 사람Cool Image'으로 흰색과 검정색이 베스트 컬러라는 것을 알게 되었다. 내 안에 있는 컬러 DNA를 알아내는 데 꽤 많은 시행착오가 있었던 셈이다. 그리고 하늘거리는 시폰이나 실크 등의 가벼운 소재들은 나의 쿨한 이미지를 무색하게 하며, 광택이 있고 빳빳한 소재가 베스트라는 사실도 알게 되었다.

결과적으로 가을 타입의 색상과 소재, 스타일은 쿨한 내 이미지와 대치되어 나를 지나치게 톤다운시켰다. 니트 소재의 베이지색 상의와 밤색 면바지는 나를 어쭙잖아 보이게 했다.

문제는 지나치게 가라앉은 스타일의 외적 이미지는 내적 이미지에도 영향을 미친다는 것이다. 옷의 컬러가 부드럽고 가라앉으니 표정이나 말투도 점점 가라앉는 것 같았다. 내가 잘못 잡은 내추럴 이미지의 콘셉트는 첫 단추가 잘못 꿰어진 것과 같은 원리였다. 그 이미지에서 빨리 벗어나는 것이 관건이었다.

나는 화장대 앞에 앉아 거울 속의 나를 바라보며 이 모습은 내가 아니라고 수없이 되뇌곤 했다. 결혼해서 두 아이를 낳아 기르는 동안 묻힌, 내 안에 내재된 매력 DNA를 찾고 싶었다. 당당하고 자신감을 주는 나만의 컬러와 스타일, 매력 있는 여자의 퍼스널 아이덴티티를 찾고 싶었다.

그러기 위해서는 먼저, 내 영혼이 담긴 표정부터 찾아야 했다. 거울을 볼 때마다 억지로라도 미소를 지어보았다. 의식적인 미소였지만 신기하게도 기분이 업되었다.

헤어스타일은 웨이브의 퍼머 머리를 스트레이트 퍼머(긴 생머리 스타일)로 펴서 뒤로 단정하게 묶었다. 이 헤어는 나의 베스트 스타일로 언제부터인가 트레이드마크가 되었다.

화장법에도 변화를 주었다. 이전에는 눈을 크고 또렷하게 표현해야 하는 고정관념으로 내 얼굴을 더욱 차갑고 딱딱하게 연출했다. 좀 더 부드러운 눈매로 표현하기 위해 이목구비의 비율을 감안해 아이라인을 가늘게 그려줌으로써 섬세하고 단아한 느낌을 주는 눈매를 찾았다. 단정한 헤어스타일과 절제된 메이크업을 하자 주위 사람들은 보다 지적이고 매력적으로 보인다는 반응을 보였다. 표정과 화장, 헤어스타일을 바꾸었더니 목소리도 생기있어지고 마음에도 여유가 생겼다.

나만의 패션 컬러를 찾은 이후 나만의 패션 스타일을 찾는 데는 더 오랜 시간이 걸렸다. 엘리건트 스타일, 캐주얼 스타일, 내추럴 스타일은 아무리 잘 연출해도 지적이고 당당한 이미지를 표현해주지 못했다. 나를 가장 매력적으로 만들어준 스타일은 바로 매니시 스타일이었다. 처음에는 싱글 버튼의 블랙, 감청색, 회색의 정장을 입기 시작했다. 특히 바지 정장은 커리어우먼의 이미지를 부각시키는 데 최고의 선택이었다. 정장재킷을 입을 땐 화이트 셔츠를 기본으로 분홍색, 하늘색, 스트라이프 셔츠를 받쳐 입었다.

나는 정장 마니아가 되면서 좀 더 대담한 스타일을 시도하기 시작했다. 나를 최상의 이미지로 연출해준 패션으로 황금색 단추가 달린 블랙 더블 브레스티드 슈트가 있다. 이 재킷 안에 화이트 폴로 셔츠를 받쳐 입었더니 사람들이 해군 여장교의 느낌을 준다고도 했다. 이 슈트는 나로 하여금 경쟁사회에서 살아남게 하는 무기와 방패 역할을 톡톡히 해주었다. 다양한 슈트 스타일은 내게 지적이고 당당한 커리어우먼의 이미지를 구축해준 일등 공신이다.

마지막으로 스피치 이미지 구축은 지금도 진행 중이다. 다소 높은 톤의 목소리와 경상도 사투리의 억양은 의식하지 않으면 아무 때나 튀어나올 준비가 되어 있다. 화법은 언제 터질지 모르는 수류탄의 뇌관처럼 늘 조심해서 다루어야 한다. 나는 사람들에게 말로 힘과 용기는 물론 감동을 주는 여자가 되고 싶다. 나의 진정한 외적 매력 DNA의 발견이야말로 내적 매력 DNA까지 찾게 해주는 소중한 단초가 되었다.

나는 학교에 다닐 때 공부하기를 무척 싫어했다. 무엇보다 거울 보는 것을 좋아했다. 고3 때도 거울 보기를 포기하지 않았다. 대학에 입학해서도 학점보다는 외모 가꾸기에 정성을 쏟았다.

그러던 중 결혼하고 5년차 되던 20여 년 전, 행복하고 보람 있는 삶을 설계하고 싶어서 내 일을 갖기로 했다. 밤새 일해도 싫증나지 않고 재미있는 일이 무엇일까 단순하게 생각하니 내 일이 보였다.

'거울 보기'와 '외모 꾸미기'가 유일한 취미였던 내게 이미지컨설턴트라는 직업은 말 그대로 천직이었다. 이 일은 정말 재미있었으며 전문성을 인정받기 위해 책을 집필할 필요성을 느꼈다. 그때부터 닥치는 대로 책을 읽기 시작했다. 특히 이미지컨설팅과 관련된 책을 읽고 공부하기 시작했다. 어떻게 글을 써야 하는지도 모르는 채 무작정 써 내려갔다. 그러다 보니 서서히 글쓰기에 대한 감이 잡히기 시작했다. 그렇게 해서 〈성공하는 사람에겐 표정이 있다(1997년)〉를 출간했다. 수십만 부가 팔려 순식간에 베스트셀러가 됐으며, 10년 넘게 스테디셀러가 되었다(최근에는 중국 청화대학교 출판사에서도 번역 출간되었다). 나는 이 책을 포함해 총 7권의 책을 펴냈다. 그리고 TV 출연, 인터뷰, 강의가 쇄도했다. 대통령 후보 이미지컨설팅부터 고위공직자, 정치인, 최고

경영자, 일반인 등 무수히 많은 사람들의 이미지컨설팅을 했다. 현재에도 강연과 컨설팅을 통해 많은 사람들을 만나고 있다.

지금 내게는 책을 읽고 공부하는 것이 가장 행복한 일상이다. 틈만 나면 도서관이나 북카페에서 시간을 보내는 반면 거울을 보는 것이 너무 귀찮아졌다. 책을 읽고 공부하는 것을 그렇게 싫어했던 내가 공부벌레가 되었다. 이미지컨설팅이라는 학문이 나를 변화시킨 것이다.

맨 처음 책을 출간하기 전까지만 해도, 내 안에 작가의 DNA가 숨어 있다는 사실을 전혀 알지 못했다. 나의 내적 스펙은 외적 매력 DNA를 개발한 이후 얻어진 덤이다. 이 경험은 나의 이미지컨설팅의 이론 체계인 '이미지테크의 선순환 메커니즘'이라는 개념을 정립하는 데 기폭제가 되었다.

결국 내 매력 DNA(외모, 목소리, 지식, 의지, 지혜, 열정 등)는 밖으로 표출되어 내 삶을 태우는 용광로가 되었다. 이따금씩 삶에 지칠 때마다 내 안을 들여다보면 활기와 자신감으로 자리잡아 꺼지지 않는 불씨로 남아 있는 것을 느낀다. 과거의 매력 없었던 여자의 조각들은 이미지컨설턴트로서의 전문지식을 쌓는 데 밑거름이 되어주었다. 어쩌면 그 당시의 시행착오가 없었다면 고객들의 잘못된 이미지 연출을 결코 이해하지 못했을지도 모르겠다.

나는 여성들에게 이미지컨설팅을 할 때, 그녀들이 매력 DNA를 발견하고 개발할 수 있도록 내 '과거의 이미지'를 말해주기도 한다. 그럴 때마다 그녀들은 한목소리로 믿겨지지 않는다고 말한다. 그녀들의 눈에는 현재의 내 모습만 비치기 때문이리라. 하지만 나는 날마다 더욱 매력 있는 여자로 거듭나고 싶다. 그래서 아직도 내 매력에는 배가 고프다!

영화, 내 매력의 교과서가 되다

세상 사람들의 외모와 성격은 그야말로 각양각색이다. 사람은 누구나 유일한 존재로 자신만의 캐릭터로 살아간다. 개인의 매력은 타고난 이미지와 후천적으로 형성된 이미지에 의해 만들어지는데, 나의 경우는 후천적으로 얻어진 것이 훨씬 많다. 따라서 내 매력은 지금도 진화하고 있다.

내게 있어 영화는 나의 매력을 찾아가는 여행에서 나침반과 같다. 영화 속의 매력 이미지는 따라잡기 쉬워서 좋다. 단언컨대, 영화만큼 매력 있는 여자를 벤치마킹할 만한 메커니즘은 없다. 나는 영화를 통해 스타들의 매력을 발견하고 내 것이 될 수 있도록 '매력체화'시켰다. 마치 실제 주인공이 된 것처럼 영화에 몰입함으로써 영화 속 이미지를 습득할 수 있었다.

나는 영화를 통해 파워풀한 미소와 풍부한 표정을 배웠는데, 매력적인 스타들의 표정은 교과서가 되기에 충분했다. 여배우들의 표정은 메이크업이나 패션처럼 금세 따라 할 수 있는 요소는 아니었지만 영화를 유심히 보다 보면 그녀들의 표정 하나하나가 내 머릿속에 각인되었다. 그러다 보니 많은 사람이 나이가 들수록 표정을 잃어가는 것과 반대로 나는 여배우들처럼 표정이 풍부해졌다.

영화는 내게, 얼굴은 타고나는 것보다 어떤 표정으로 살아가느냐에 따라 만들어진다는 확고한 신념을 체험하게 해준 고마운 도구이다. 나는 수많은 스타들 중에서 오드리 헵번의 표정을 참 좋아했다. 영화 〈로마의 휴일〉에서 그녀의 웃는 얼굴은 나를 매료시키기에 충분했다. 나는 그녀의 사진을 볼 때마다 매력적인 표정을 닮고 싶었다. 그녀의 표정이 너무 좋아 가끔씩 의식적으로 그녀의 얼굴을 떠올리곤 했다. 그렇게 몇 년이 지나자 오드리 헵번의 표정 따라잡기에 성공했다.

언젠가 지방의 '주부 여성교양 강좌'에서 강의를 하는데 내가 표정 시연을 보여주던 중, 앞자리에 앉은 주부 두 명이 귀엣말을 주고받았다. 나는 잠시 강의를 멈추고 그녀들에게 물었다.

"왜 그러시죠? 제 얼굴에 뭐가 묻었나요?"

"아뇨, 강사님이 오드리 헵번과 닮았다는 얘기를 하고 있었어요."

그 말에 나는 말할 수 없이 기뻤다. 그날 이후 내 표정이 매력적으로 변한 것에 대해 뚜렷한 확신을 얻고 싶었다.

"여러분, 제가 어떤 할리우드 여배우의 표정을 따라 지어보겠습니다. 그 배우가 누군지 알아맞혀보세요."

나는 오드리 헵번의 웃는 얼굴을 머릿속에 그리며 그녀의 표정을 지어보였다. 그러면 곳곳에서 사람들이 소리쳤다.

"오드리 헵번이요!"

청중들은 정확히 알아맞혔다. 내 얼굴 생김새는 결코 오드리 헵번을 닮지 않았다. 만약 내 얼굴이 그녀를 닮았다면 훨씬 이전부터 그런 얘기를 들었어야 했다. 그야말로 오드리 헵번 표정 따라잡기를 통하여, 내 의지로 표정을 바꿀 수 있다는 사실은 정말 새로운 경험이었다. 솔직히 내가 최고 매력녀의 표정을 닮게 되었다는 기쁨도 있었지만 '표정이 얼굴을 바꾼다'는 전문가로서 얻은 확신이 훨씬 더 보람 있고 기뻤다.

나는 그녀의 표정뿐만 아니라 다른 여배우들의 매력적인 표정도 따라잡았다. 영화 〈러브 어페어(1994년)〉는 아네트 베닝의 사랑스러운 표정을 벤치마킹하기에 적격이었다. 그녀의 표정에 사랑을 느끼지 않을 남자가 있을까. 그리고 줄리아 로버츠의 시원시원한 미소와 맥 라이언의 귀여운 표정도 벤치마킹했다. 내 웃는 얼굴은 신기하게도 그녀들의 표정과 닮았다는 소리를 많이 듣고 있다.

나는 영화에서 여배우들의 패션, 헤어, 목소리, 매너, 태도, 보디랭귀지, 제스처, 걸음걸이 또한 눈여겨봤다.

조금 오래된 영화지만 〈사하라(1983년)〉에는 당대 최고의 미녀 브룩 실즈가 출연했다. 나는 이 영화에서 남성적 이미지인 매니시 스타일이 여성을 얼마나 매력적으로 연출해주는지 알게 되었다. 브룩 실즈는 사하라 사막을 횡단하는 자동차 경주대회에 참가하기 위해 남장을 해야만 했다. 블랙 슈트에 검정색 중절모를 쓰고, 같은 차림의 남자 두 명과 사막을 걸어갈 때의 매니시 스타일은 너무나 매력적이었다. 조각처럼 아름다운 얼굴을 가진 그녀의 블랙 슈트와 중절모는 레드카펫을 밟을 때 입은 이브닝드레스보다 훨씬 더 섹시해 보였다. 그래서였을까. 영화에서 사막의 족장은 브룩 실즈의 남장한 모습에 속지 않고 금세 아름다운 여성임을 알아챘다. 그녀의 블랙 슈트는 가녀린 몸매, 여성적인 몸짓과 걸음걸이까지는 감추지 못했던 것이다.

영화는 나의 전문 지식을 풍성하게 해주는 매력 교과서 중에서도 으뜸으로 뽑힌다. 패션 영화로는 〈섹스 앤 더 시티(2008년)〉를 빼놓을 수 없다. 나는 이 영화를 통해 그녀들의 세련된 패션 감각을 눈여겨봤는데 의상에 어울리는 가방, 구두, 액세서리 등에서 스타일링 감각을 키우는 데 도움이 됐다. 그 밖에도 나의 매력을 업그레이드하는 데 최고의 도구가 되어준 영화들은 무수히 많다.

〈귀여운 여인(1990년)〉은 줄리아 로버츠 주연의 영화로 한 여성의 이미지가 극적으로 변신하는 과정을 섬세하게 그려냈다. 그녀가 거리의 여인이었을 때와 매력적인 사업가의 애인으로 변모했을 때의 차림새는 그야말로 드라마틱하게 달라졌다. 그녀가 블랙 이브닝드레스를 입고 레스토랑에서 우아하게 앉아 있는 모습이 너무나 아름다워서 리처드 기어가 몰라볼 정도였으니까. 하지만 멋진 외모(패션, 헤어, 메이크업 등)만 갖춰진 매력은 그 생명이 너무 짧았다. 무지함에서 나온 교양 없는 행동은 그녀를 초라하게 만들었는데 식당에서의 테이블 매너로 그 바닥이 여실히 드러나고야 말았다. 우아하고 고급스러운 외모는 구축했지만 그녀에게 딱 한 가지 부족한, 고품격의 테이블 매너가 몸에 배기까지는 시간이 필요했다.

〈남과 여(1966년)〉는 러브 스토리지만, 여주인공의 패션은 요즘 입어도 손색이 없을 만큼 우아하고 시크했는데 클래식 스타일을 공부하는 데 많은 도움이 됐다.

〈해피 플라이트(2008년)〉는 항공사에서 일어나는 일들과 직업의 성격을 잘 그려냈다. 기장으로 승격하려는 남자가 주인공이지만 내 전문지식 CS(Custumer Satisfaction, 고객 만족 프로그램)에 신선한 자극제가 되어주었다. 노련한 스튜어디스 팀장의 기막힌 고객 응대 스킬과 항공사 직원들의 일상을 생생하게 보여주는 한편 간접적으로나마 스튜어디스의 실생활을 알게 해준 고마운 영화였다.

최근 영화 〈킹스 스피치(2010년)〉는 연기파 배우 콜린 퍼스가 앨버트 왕자(조지 6세) 역을 맡았다. 이 영화는 아카데미상을 휩쓸어서 더욱 유명해졌는데 영화 속에서 다루어진 발성과 스피치 코칭 과정이 내가 진행하는 보이스 코칭법과 공통점이 있어 내게 더 큰 감동으로 다가왔다.

매력 있는 여자가 성공한다

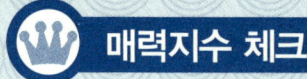

　　매력지수는 내외적 이미지의 두 단계로 나눈다. 먼저 외적 매력지수는 '1차적 이미지' 요소로 표정, 헤어, 메이크업, 패션, 목소리, 보디랭귀지의 시각적, 청각적 이미지다. 외적 매력지수는 첫인상에서 최고의 빛을 발한다. 내적 매력지수는 '2차적 이미지' 요소로 매너, 태도, 습관 등의 내면적 이미지다. 빼어난 외모와 맑고 고운 목소리로 첫 만남의 1단계를 거쳤더라도 내적 매력을 갖추지 못하면 지속적인 만남이 이루어지지 않는다. 즉 사람들을 대하는 태도가 미숙하거나 매너가 좋지 못하거나 커뮤니케이션(소통) 능력을 갖추지 못한 여성은 곧 매력 없는 여성으로 인식되고 만다. 진정 매력 있는 여자는 내적 매력과 외적 매력을 동시에 갖추어야 한다. 자기도 모르게 몸에 배어버린 매력적이지 못한 모습과 태도, 습관들은 없는지 냉정하게 짚어볼 필요가 있다. 자신의 매력지수가 몇 점인지 해당란에 체크해보자(1문항당 1점).

내적 매력지수 체크

- [ ] 성실하다
- [ ] 정직하다
- [ ] 열정적이다
- [ ] 긍정적이고 적극적이다
- [ ] 성품이 따뜻하고 남에게 친절하다
- [ ] 약속을 잘 지키고 신뢰를 중요하게 여긴다
- [ ] 무력감과 우울증에서 빨리 벗어난다
- [ ] 책읽기를 좋아하며 늘 배우고 자기를 계발한다
- [ ] 음악, 미술, 영화 등 예술을 좋아한다
- [ ] 사람들과의 소통이 즐겁다

외적 매력지수 체크

- [ ] 표정이 밝고 부드럽다
- [ ] 발음이 정확하고 목소리가 좋은 편이다
- [ ] 자신을 가장 매력적으로 보이게 하는 화장을 할 수 있다
- [ ] 자신의 얼굴에 가장 잘 어울리는 헤어스타일을 하고 있다
- [ ] 자신의 피부색에 가장 잘 어울리는 컬러 Best Color를 알고 있다
- [ ] 자신을 가장 멋지게 연출해주는 패션 스타일을 알고 있다
- [ ] 때와 장소에 맞는 옷을 입을 줄 안다
- [ ] 주변 사람들로부터 매너(태도)가 좋다는 말을 듣는다
- [ ] 자세와 걸음걸이가 반듯하고 당당하다
- [ ] 체중이 늘면 곧바로 다이어트를 한다

평가

• 20점 : 당신은 매력녀! '매력 만점의 여자'로 대인관계가 좋다. 면접에도 강하고 일도 잘한다. 만인으로부터 언제 어디서나 만나고 싶은 여성으로 주목받는다. 세상의 모든 남성이 당신에게 반하고 말 것이다. 톱클래스의 인생을 누릴 확률이 높지만 완벽한 매력으로 인해 누구나 쉽게 다가가기 힘들다는 단점이 있다. 완벽한 매력이 갖는 모순이다.

• 15~19점 : 당신은 '충분히 매력 있는 여자'지만 2% 부족한 매력을 가졌다. 하지만 매력적인 당신에게 발견되는 한두 가지의 단점, 그것조차 매력으로 어필될 수 있다. 특히 완벽한 매력녀들에게 둘러싸여 사는 남성들은 당신의 작은 실수나 부족한 이미지에 호감을 갖기도 한다. 당신의 매력지수가 떨어지지 않도록 유지하는 것이 관건이다.

• 10~14점 : 당신은 '매력 있는 여자'다. 그러나 항상 매력적이지 않다는 것이 문제다. 어느 때는 매력적이다가도 또 어떤 때는 매력적이지 못하니까. 유행이나 새로운 스타일을 추구하는 것보다는 주변 사람들로부터 매력적이라는 말을 들었을 때의 패션, 헤어, 메이크업, 태도, 스피치를 유지할 수 있도록 신경 쓰자. 그때의 베스트 이미지를 반복하면 당신의 매력은 고정화된다.

• 5~9점 : 당신은 '매력 없는 여자'다. 많은 여성들과 있을 때 존재감이 약하기 때문에 당신을 만난 상대는 가끔씩 당신을 기억하지 못한다. 그러나 어쩌다 한 번, 당신의 매력은 빛을 발하기도 한다. 상대는 '그녀에게 이런 매력이 있었네' 하고 당신을 새로운 시각으로 바라볼 때도 있다. 당신은 얼마든지 매력 있는 여자가 될 수 있다. 자신감을 가지고 적극적으로 매력을 업그레이드하자.

• 0~4점 : 당신은 '매력 불감증에 걸린 여자'다. 너무 매력이 없어 역반응으로 상대의 기억에 깊이 각인될 수 있다. 때로는 자신을 비하하거나 타고난 감각이 없다며 매력 있는 여자가 되기를 스스로 포기하는 경향이 있다. 자기계발의 의지도 약하다. 그러나 자신감을 가져라. 당신에게 얼마나 많은 매력 DNA가 내재해 있는지 아는가. 당신만의 매력을 발견하고 개발한다면 '충분히 매력 있는 여자'로 거듭날 수 있다.

Part 2
매력이란 무엇인가?

매력은 가장 강력한 설득 도구다. 설득說得, persuasion은 심리학 용어로 사전적 의미는 '상대편이 이쪽 편의 이야기를 따르도록 여러 가지로 깨우쳐 말함'을 뜻한다. 설득의 원론적 의미는 오직 말이라는 도구에 의해 이루어진다. 아날로그 시대에는 말만 잘해도 상대를 설득시킬 수 있었지만 이제 그것만으로는 한계가 있다. 이미지 커뮤니케이션 시대에는 말만 잘한다고 해서 상대를 설득시킬 수 없기 때문이다. 첫인상에서는 밝고 깔끔한 외모에 설득력이 실린다. 이와 더불어 품격 있는 차림새와 상대를 감동시키는 말투, 세련된 매너와 태도가 상대를 설득시킬 수 있다. 모든 인간관계에서 상대에게 호감을 주면 나에게 유리한 상황을 확보할 수 있다. 결국 비즈니스에서의 설득은 실적으로도 이어진다. 면접 또는 이성 간의 만남에서도 매력으로 어필하지 못하면 상대를 설득할 수 없는데, 이제 매력으로 설득의 대가가 되어보자.

매력은
설득이다

매력은 가장 강력한 설득 도구다. 설득說得, persuasion은 심리학 용어로 사전적 의미는 '상대편이 이쪽 편의 이야기를 따르도록 여러 가지로 깨우쳐 말함'을 뜻한다. 설득의 원론적 의미는 오직 말이라는 도구에 의해 이루어진다. 아날로그 시대에는 말만 잘해도 상대를 설득시킬 수 있었지만 이제 그것만으로는 한계가 있다. 이미지 커뮤니케이션 시대에는 말만 잘한다고 해서 상대를 설득시킬 수 없기 때문이다. 첫인상에서는 밝고 깔끔한 외모에 설득력이 실린다. 이와 더불어 품격 있는 차림새와 상대를 감동시키는 말투, 세련된 매너와 태도가 상대를 설득시킬 수 있다. 모든 인간관계에서 상대에게 호감을 주면 자신에게 유리한 상황을 확보할 수 있다. 결국 비즈니스 상에서의 설득은 실적으로도 이어진다. 면접 또는 이성 간의 만남에서도 매력으로 어필하지 못하면 상대를 설득할 수 없다. 이제 매력으로 설득의 대가가 되어보자.

자기 자신부터 설득하라

남을 설득하기 위해서는 먼저 자신을 설득시킬 수 있어야 한다. 자기를 설득하면 자존감이 커진다. 자기 자신에게 만족할 수 없을 때는 상대도 만족시킬 수 없다. 스스로를 매력 있는 사람으로 느끼지 못하는데 어떻게 상대에게 매력적으로 어필할 수 있겠는가. 자신의 매력 이미지 구축은 '지피지기면 백전백승이다(상대를 알고 자기를 알면 백 번 싸워서 백 번 이긴다)'의 전략을 적용하는 원리와 같다.

나는 자기 설득으로 자존감을 되찾은 한 여성 공무원의 얘기를 들려주고 싶다.

그녀는 대학에 다닐 때만 해도 매력 있는 여자였다. 메이크업은 물론 세련된 헤어스타일에 청바지와 화이트 셔츠만 입어도 친구들로부터 스타일이 좋다는 말을 들었다. 그녀는 졸업 후 그 힘든 경쟁력을 뚫고 공무원시험에 합격했다. 하지만 공무원이 되고 나서 그 기쁨은 오래가지 않았다. 첫 출근 날, 그녀의 밝은 표정과 화사한 메이크업, 단정한 헤어스타일, 세련된 옷차림새는 여자 선배들의 칙칙한 스타일에 비해 상대적으로 눈에 띄었다. 그런데 공무원이라는 보수적이고 딱딱한 분위기가 그녀의 매력을 조금씩 갉아먹기 시작했다.

그녀가 공무원 생활을 한 지 5년차 되던 어느 날, 화장실 거울 안에는 칙칙하고 매력 없는 낯선 여자가 떡하니 버티고 있었다. 눈가에는 잔주름이 자글자글하고 피부는 푸석푸석했으며 반짝반짝 빛나던 눈빛은 온데간데없이 사라지고 기운도 없이 축 처져 있던 낯선 여자. 나이는 30대를 향해 달려가는데 다람쥐 쳇바퀴 돌듯 반복되는 일상으로 이성 교제의 기회조차 거의 없었다. 그녀는 대학 때만 해도 꽤 인기 있었던 자신이 까마득하게만 느껴졌다. 보수적인 조직에서 생활하다 보니 자신도 모르게 매력 없는 이미지에 묻히고 만 것이었다. 바로 그 순간 자신의 자존감 또한 낮아지고 있다는 것을 느꼈다. 그녀는 지금 당장 변하지 않으면 안 된다는 위기감이 들었고, 연구소의 문을 두드렸다.

"공무원 사회가 그렇듯이 딱딱하고 보수적인 분위기에 따라가지 않을 수 없었어요. 공무원이 되고 나서 제 스타일은 점점 달라지기 시작했어요. 옷 색상은 무난한 검정, 회색, 흰색, 감청색 계열만 입게 되고 하루 종일 앉아 있다 보니 헐렁한 옷들이 너무 편했어요. 화장도 하는 둥 마는 둥 해야지, 제대로 된 화장이라도 하면 너무 튀어 보이거든요. 어떨 때는 아침에 일어나 허둥대다 화장을 안 하기도 했는데, 오히려 편하다는 생각도 들더군요."

원래 그녀의 옷장은 밝고 따뜻한 색상의 옷들로 가득했지만 사무실

분위기를 고려하다 보니 점점 칙칙한 색상으로 채워지기 시작했다. 그녀의 이미지컨트롤을 위한 시간 분배는 주로 패션 이미지에 많이 할애했다. 그녀의 타고난 패션 감각으로 짧은 시간에 큰 변화가 있었다.

그 후 그녀는 기상 시간을 20분 앞당겨 반드시 화장을 하고 머리도 손질하고 출근한다고 말했다. 옷도 가급적 컬러감이 느껴지는 것으로 고르는 한편 레드 계열이 자신을 더욱 돋보이게 한다는 사실을 깨달았다. 때로는 출근길 쇼윈도에 언뜻언뜻 비치는 자신의 달라진 외모에 미소가 지어졌다. 그런 날은 일상의 업무에도 마음이 편안했고, 왠지 보람도 느껴졌다.

그리고 얼마 지나지 않아 상사의 주선으로 같은 공무원인 한 남자 사무관을 소개 받았다. 그녀는 현재 그와 좋은 관계를 유지하고 있다. 그녀는 자기 자신을 설득한 결과 삶의 활력을 되찾았다.

자기 설득은 극한 상황일 때 더욱 파워풀한 힘을 발휘한다. 자기 설득이 강할수록 상대의 마음을 움직이고 감동시키는 힘이 생겨나기 때문이다.

나는 언젠가 〈지선아 사랑해〉의 저자 이지선(32세) 씨의 책을 읽고 감동을 받았다. 그녀는 놀랄 만큼 절대 긍정의 내면을 가졌는데, 강한 자기 설득으로 받아들이기 힘든 현실과 고통을 이겨냈다.

10년 전, 이지선 씨는 명문 여대를 졸업한 재원으로 엄청난 사고를 당하기 전까지는 마냥 행복했었다. 그녀의 말마따나 예쁜 거, 화장하는 거 좋아하는 공주과 여학생으로 거울을 볼 때마다 자신의 예쁜 얼굴이 마음에 들었단다. 그런 그녀는 어느 일요일, 도서관에서 밤늦게까지 공부를 하고 집으로 돌아가던 중 음주 운전자의 실수로 7중 추돌사고를 당했다. 그녀가 탄 자동차가 사고의 충격으로 불이 났는데 그녀는 정신을 잃는 바람에 온몸이 불길에 휩싸이는 줄도 몰랐다. 그녀의 얼굴과 몸은 새까맣게 타버렸고 그나마 성한 곳은 운동화에 감싸져있던 발과 그녀의 아름다운 미소를 빛나게 해주었던 가지런한 치아뿐이었다. 나는 사진 속에서 그녀의 얼굴을 볼 때마다 영화 〈잉글리시 페이션트〉에 나온 남자 주인공의 울퉁불퉁한 얼굴이 연상되었다. 그녀는 엄청난 고통을 수반하는 화상 치료 외에도 피부 이식수술을 무려 30번이나 받았다. 최근 그녀의 인터뷰 기사가 모 일간지에 실렸는데 사고 이후 너무나 달라진 외모를 받아들이는 과정은 감동 그 자체였다.

"화상으로 입이 작아져서 엄마가 숟가락을 새로 사왔는데 그 반짝이는 면에 내 얼굴이 비치더라. 수술로 빡빡 깎은 머리에 빨갛게 도드라져 올라온 피부, 눈썹도 없고 얼굴 피부는 목과 턱 아래 방향으로 당겨지는데, 영화 〈스크림〉에 나오는 마스크 같았다. 하지만 그게 나였다. 익숙해지려고 거울을 볼 때마다 인사했다. '안녕, 이지선!' 하면서. 어떤 사람은 괴물 같은 자기 얼굴을 보고 자살 충동을 느낀다는데,

나는 그렇진 않았다. 자꾸 보니까 나름 귀여웠다. 살아 있는 것만으로도 축복이었다."

망가질 대로 망가진 자신의 얼굴을 보고 나름 귀여웠다고 말한 그녀. 비록 과거의 아름다운 외모는 잃었지만 절대 긍정의 마인드를 유지하는 그녀가 얼마나 사랑스럽고 매력적인가. 그녀를 인터뷰한 기자는 그녀의 여유에 혀를 내두를 정도라고 표현했다. 지독한 현실을 무덤덤하게 받아들이는 것은 스스로에 대한 강한 자기 설득력이 있었기에 가능했으리라.

그녀는 언제나 그 누구보다 밝고 환하게 웃는다. 그녀는 자신을 '홀라당 타버린 여자'라고 표현할 정도로 유머 감각 또한 잃지 않았다. 패션 감각도 탁월해 '베스트 드레서'로도 손색이 없다. 그녀는 노랑, 오렌지, 초록 등의 밝고 화사한 색상을 즐겨 입는데 이 컬러들은 '봄 사람'의 이미지를 가진 그녀에게는 최고의 컬러이다. 또한 그녀가 즐겨 입는 니트 소재는 부드럽고 편안한 이미지를 준다.

그녀는 피부가 울퉁불퉁하고 눈, 코, 입 어느 하나 반듯하지 않아도 화장을 참 예쁘게 하고 다닌다. 눈썹도 예쁘게 그리고 아이라인으로 눈매를 또렷하게 해주고, 분홍색 립스틱을 바른다. 절대 되돌릴 수 없는 자신의 얼굴과 외모를 받아들이고 매력을 업그레이드하기 위해 최선을 다하는 그녀에게서 높은 자존감을 엿볼 수 있었다.

그녀의 극기에 도전하는 의식은 뉴욕국제마라톤에 참여했을 때 가장 돋보였다. 그녀는 이식한 피부라 땀구멍이 없어 너무나 고통스러워서 주저앉기도 하고 울다시피하며 7시간 동안 다리를 질질 끌며 결승선에 올랐다. 그녀는 현재 "공부해서 남 주려고 미국으로 유학 갔다"며 석·박사 과정을 밟고 있단다.

그녀의 모습을 통해 진정한 행복이란 외모가 아니라 자신을 받아들이려는 의지 즉, 자기 설득에 있다는 것을 알 수 있었다. 그녀는 변화할 수 없는 외모에 집착하지 않으면서 자기계발의 끈을 놓지 않았다. 그러면서도 현재 상황에서 자신을 가장 아름답게 보일 수 있도록 노력하는 밝은 모습을 보여줬다. 매력이란 이처럼 눈에 보이는 것만이 전부가 아니라 사람의 마음을 움직이게 하는 힘이 아닐까.

이성을 설득하는 매력의 실체

"여우하고는 살아도 곰하고는 못 산다"는 속담이 있듯이 행동이 둔한 여성을 빗대어 '곰 같다'고 한다. 그런데 실제로 곰은 미련한 동물이 절대 아니다. 인터넷에서 '수컷을 유혹하는 섹시 북극곰'을 검색하면 영국의 사진기자가 취재한 암컷 북극곰이 수컷 곰을 유혹하는 다큐멘터리 예고편 동영상이 있다. 수컷 곰이 눈 위에서 늘어지게 잠을 자고 있는데 암컷 곰이 미끄러져 내려오더니 수컷을 유혹하기 시작한다. 암컷 곰은 눈 위에 누워서 〈플레이보이〉지의 섹시한 모델인 양 나름의 섹시한 포즈를 취하는가 하면, 몸을 동그랗게 만들어 '복사 넘기' 연기도 펼쳐 보인다. 암컷 곰의 태도는 누가 봐도 노골적인 구애 행위라는 것을 알 수 있는데 수컷 곰을 유혹하는 그 눈빛은 압권이었다. 그 표정이 어찌나 귀엽고 사랑스러운지 나는 그 동영상에서 눈을 떼지 못했다. 암컷 곰이 수컷의 잠을 깨우고 사랑의 감정을 전달하는 데 성공하는 장면으로 예고편은 짧게 마무리됐다.

나는 그 암컷 곰의 눈빛이 너무 의미심장해서 몇 번이나 다시 보았는데 동물들한테도 그런 눈빛이 있으리라고는 상상도 못했기 때문이다. 한 네티즌이 '곰므파탈!'이라고 짧은 댓글을 달아놨는데, 정말이지 그 암컷 곰의 치명적인 '유혹의 기술'은 여우를 뺨치고도 남았다. 나는 그 동영상을 보면서 남성에게 어필하지 못하는 여성들이 떠올라 피식 혼자 웃고 말았다.

얼마 전, 〈동물의 세계〉에는 코뿔소에 대한 내용이 방송되었는데 암컷 코뿔소는 뿔이 큰 수컷을 좋아했다. 그래서 뿔이 큰 수컷 코뿔소 주변에는 여러 마리의 암컷들이 머뭇거렸다. 그 수컷이 마음에 드는 암컷 코뿔소를 찾게 되면 다른 암컷들을 냉정하게 쫓아내고 짝짓기를 한다. 그런데 그 수컷에 반해버린 다른 암컷들이 미련을 못 버리고 주변에서 어슬렁거렸다.

나는 이 대목에서 과연 그 수컷 코뿔소가 선택한 암컷 코뿔소의 매력의 기준이 무엇인지 궁금했다. 우리 인간이라면 표정, 패션, 몸짓, 목

　　　　　　　　　　　　　　　　　　　매력이란 무엇인가?

소리 등의 매력 분별 요소가 있지만, 고만고만해 보이는 암컷 코뿔소 중에서 수컷의 눈에 쏙 들어오는 암컷이 있고, 그들만의 매력을 어필하는 요소가 있다는 사실이 신기했다.

사람이나 동물이나 이성에게 호감을 준다는 것은 상대의 본능을 자극하는 원초적인 기술이 필요함에 틀림없다. 그런데 그 기술이라는 것이 선천적이라기보다는 후천적으로 터득할 수 있는 자기계발의 영역이라는 점을 강조하고 싶다. 이런 이유로 유혹의 기술이니, 매혹의 기술이니 하는 이성을 설득하는 방법을 알려주는 서적 또한 널려 있다.

여성에 있어 이성에게 어필하는 능력, 즉 매력은 필수 조건이다. 매력이 이성을 설득하기 때문이다.

세계 현대사에서 배경이나 뛰어난 조건, 외모를 갖추지 않았음에도 이성을 가장 잘 설득한 여인은 누구일까. 내 생각으로는 그 유명한 세기의 로맨스 주인공인 심프슨 부인(1986년 90세로 사망)이다. 그녀는 미국 여성으로 미국에서 결혼한 남성과 이혼한 후 영국으로 건너가 두 번째 남자를 만나 재혼했다. 그녀는 특유의 사교술을 발휘하여 영국 상류층 여성들과 친분을 가졌는데 그러다가 황태자(윈저 공, 훗날 에드워드 8세)가 주최하는 파티에 초대받았다. 그녀는 황태자의 마음을 사로잡기로 작정하고 이성을 설득하기 위한 작업에 온 힘을 쏟았다. 그녀는 자신을 가장 돋보이게 해주는 파란색 드레스(그녀의 얼굴 이미지는 '여름 사람'과 '겨울 사람'의 복합 이미지로 파란색이 베스트 컬러다. 당시

'심프슨 블루'로 불리며 사랑을 상징하는 유행 컬러가 되었으며 심프슨 블루는 귀족과 왕족에 굴하지 않는 당당한 서민을 뜻하는 색으로 일컬어졌다. 블루 컬러의 원조라 할 수 있다)를 입었다. 첫 만남을 위하여 표정은 물론, 인사법, 목소리, 걸음걸이, 몸짓 하나까지도 우아한 이미지를 연출하기 위해 이미지 메이킹을 한 것으로 유명하다.

운명의 파티가 열리던 날, 황태자는 파란색 드레스를 우아하게 차려 입은 그녀를 발견하고 말을 걸었다. 그리고 3년간의 만남 후, 황태자는 에드워드 8세라는 왕으로 즉위, 심프슨 부인을 왕비로 맞아들이려 했다. 그녀는 왕과 결혼하기 위해 두 번째 남편과 이혼했지만 왕실과 의회에서 두 번의 결혼 경력이 있는 그녀를 왕비로 인정할 리 만무했다. 당시 영국 국민들은 그녀를 황태자를 꼬드긴 요부라며 미워했다. 급기야 왕은 1936년, BBC 라디오를 통해 영국 국민과 세계인들이 경악할 만한 말을 남겼다.

"사랑하는 여인의 도움이 없이는 국왕으로서의 의무를 다할 수 없고 그 무거운 책임을 짊어질 수도 없음을 알았다."

그리고 왕위를 동생(조지 6세, 엘리자베스 여왕의 아버지)에게 넘겨주었다. 도대체 대영제국의 국왕이며 지상 최고의 멋쟁이 윈저 공의 마음을 송두리째 빼앗은 심프슨 부인의 매력은 무엇일까.

최근에 개봉한 영화 〈킹스 스피치〉를 보면 그녀의 매력의 실체가 극단적으로 묘사되고 있는데 그녀의 동서(엘리자베스 여왕의 어머니)가 혐

오스러운 표정을 지으며 비꼬았던 대사에도 묻어난다.

"그녀는 연애 기술을 배웠을 거야. 그것도 중국 상해에서 말이야."

물론 심프슨 부인의 팜파탈 이미지가 주된 매력이겠지만 과연 그것만이 전부였을까. 그녀의 탁월한 이성 설득 능력은 총체적인 자기 노력이라는 의지 없이는 불가능했을 것이다. 어떤 여성이 그녀의 그런 매력에 대해 부러움을 표시했는데, 그녀의 입에서 의외의 대답이 흘러나왔다.

"그 세기의 로맨스가 얼마나 힘든 일인지 아세요?"

그녀는 또한 시대를 앞선 인생관(?)을 가졌다. 그녀가 추구했던 삶이 얼마나 치열했을지 그 단면을 보여주는 그녀의 말을 들어보자.

"사람은 부유할수록 좋고 몸은 날씬할수록 좋다"

후천적인 매력을 업그레이드해서 세기의 여인이 되었으니 얼마나 대단한가. 그녀는 평민 출신의 평범한 여성으로 생김새 또한 길에서 흔하게 마주칠 수 있는 평범한 얼굴이었다. 빈약하고 밋밋한 체형으로 S라인의 몸매도 아니었다. 두 번의 이혼 경력에 젊지도 않았다.

그러나 그녀는 세련된 패션 감각과 매너를 연출하기 위해 부단히 노력했다. 윈저 공과의 첫 만남을 대비하여 파티 전날 거울 앞에서 우아하게 인사하는 법을 몇 시간 동안이나 연습했다. 그러한 사실만 보더라도 타고난 외모보다는 후천적으로 구축된 매혹적인 표정과 몸짓, 목소리, 패션은 뭇 남성들을 사로잡는 도구라는 것을 알 수 있다. 그녀야말로 이성 설득의 달인임에 틀림없다.

남성에게 여성의 우아함과 아름다운 자태로 어필되는 매력은 아무리 시대가 변해도 달라지지 않는다. 그런데 현대 여성이 남성에게 어필하기 위해서는 이러한 여성스러운 이미지에 지적이고 당당한 커리어우먼의 이미지가 더해져야 더욱 강력한 설득력을 발휘할 수 있다.

매력으로 고객을 설득하라

H(38세)씨는 사내 결혼을 하고 첫 아이를 낳은 후 전업주부가 되었다. 단란한 가정을 꾸리며 행복한 결혼생활을 한 지 10년차 되던 해, 하루 아침에 남편이 교통사고를 당해 세상을 떠난 것이다. 그녀는 엄청난 충격에 빠졌지만 슬픔에 빠져 있을 수만은 없었다. 초등학교에 다니는 두 아이들과 살아갈 길이 막막했다.

그녀는 일자리가 필요했지만 청년 실업도 심각한데 아줌마를 뽑는 기업이 있을 리 만무했다. 한동안 실의에 빠져 있는데, 보험설계사인 고등학교 동창이 그녀의 소식을 듣고 찾아왔다. 보험설계사라는 직업이 선뜻 내키지는 않았지만 다른 방도가 없어 해보기로 결정했다.

그녀가 처음 출근한 날, 사무실은 운동장처럼 넓었고 낯선 분위기에 주눅이 들었다. 자신이 과연 이 일을 잘해낼 수 있을지 걱정이 되기도 했다. 그녀는 보험설계사 교육을 받는 동안 이 일에 열정을 갖기 위해 노력했다. 어느덧 보험설계사로 일한 지 2년이 흘렀지만 그녀의 영업 성적은 항상 부서에서 꼴찌였다. 내성적인 성격이라 고객을 만날 때도 주춤거리게 되고 자신감도 없었다. 그녀는 보험설계사가 적성에 맞지 않는 것 같아 몇 번이나 포기하려 했지만 그럴 때마다 두 아이의 얼굴을 떠올렸다. 그런 그녀를 안타까운 마음으로 지켜보던 영업부장이 조용히 불렀다. 영업부장은 유능한 보험설계사로 인정받는 여성 부서장이었다.

"그동안 몇 번이나 이런 말을 해도 되나 망설였어요. 제 생각에 H씨의 이미지를 바꿔보면 어떨까 싶어요. 왠지 표정도 우울해 보이고, 차림새도 그렇고, 목소리도 가라앉은 느낌이에요."

그날 집으로 돌아온 그녀는 거울 앞에 섰다. 눈에는 눈물이 맺혀 있었다. 자신의 모습을 한동안 훑어보았다. 어릴 때부터 얼굴이 예쁘장하다는 소리를 들었는데, 거울 앞에는 자기가 봐도 아무 매력 없는 아줌마가 서 있었다. 아침에 일어나자마자 아이들 밥 먹이랴, 출근 준비하랴 바쁘다는 핑계로 화장도 하는 둥 마는 둥했다. 그녀는 자신의 외적 이미지가 영업 실적에 마이너스 요소가 된다는 것을 깨달았다.

내가 처음 그녀를 만났을 때 그녀는 자그마한 키와 통통한 체형에 검정색 정장을 입고 있었다. 둥근 얼굴에 작은 눈, 꼭 다문 얇은 입술이 야무져 보였지만 표정은 굳어 있었다. 퍼머를 한 지 몇 달이 지났는지 부스스한 머리에 눈썹도 그리지 않은 채 펄이 섞인 복숭아색 립스틱만 달랑 바르고 있었다. 그녀의 외모는 일하는 여성이라기보다는 영락없는 아줌마의 모습이었다.

나는 가장 먼저 헤어스타일부터 제안했다. 단정하지 못한 어깨 길이의 퍼머 머리를 쇼트커트로 잘랐다. 정수리 부분에서 볼륨감을 주어 그녀의 작은 키를 좀 더 커 보이게 했는데 둥근 얼굴형에도 잘 어울렸다. 아이 메이크업으로 작은 눈을 크게 보이게 했고 오렌지 계열의 립스틱을 바르자 표정이 한결 생기 있어 보였다. 그녀의 구부정한 어깨와 팔자걸음은 물론 자세까지도 교정했다.

그녀가 항상 고객을 만나야 하므로 패션 콘셉트를 정장 스타일로 잡았다. 그녀는 검정색이 삐져나오는 살을 가장 잘 커버한다며 검정색 정장만 고집했다. 하지만 검정색 재킷은 '봄 사람'의 이미지인 그녀의 얼굴을 굳어 보이게 했다. 나는 그녀에게 컬러풀한 재킷을 제안했다. 옷장에 있는 검정색 원피스를 활용하여 그 위에 컬러풀한 재킷을 입고 검정색 펌프스를 신는 코디네이션이다. 일주일 후, 2차 단계인 보이스 컨설팅을 받기 위해 연구소에 온 그녀는 일주일 전과는 뭔가 다른 활기가 느껴졌다. 나는 달라진 그녀의 모습에 대한 주변의 반응이 궁금했다.

"다들 멋지게 변했다며 한마디씩 하세요."

그녀는 눈물을 글썽이며 말했다.

"제가 사무실에 들어섰더니 몇몇 사람이 저를 보고 '오~' 하며 감탄을 하는 거예요. 그 소리로 다른 사람들도 저를 주목했어요. 모두들 제게 박수까지 쳐줬어요. 그날 하루 종일 신바람 나게 일할 수 있었어요."

그녀는 보이스 컨설팅도 적극적으로 받았다. 작은 목소리는 소극적으로 보이므로 크게 발성하는 연습을 했다. 안녕하세요, 감사합니다 등의 간단한 인사말부터 비즈니스 용어까지 반복적으로 트레이닝했다.

그리고 1년여가 지났을까. 나는 서울의 한 호텔 로비에서 그녀와 우연히 마주쳤다. 그녀는 처음에는 잘 알아보지 못할 정도로 많이 달라져 있었다. 밝고, 세련되고, 당당해 보였다. 옷은 1년 전에 입었던 블랙 원피스에 초록색 트위드 재킷을 입고 있었다. 재킷 위에는 노란색 브로치가 반짝반짝 빛났다. 그녀는 내 손을 잡고 반가워하며 기쁜 소식을 말해주었다.

"이번에 우리 부서에서 영업 순위 1등을 했어요."

"정말 축하해요."

마치 내가 1등을 한 것처럼 기분이 뿌듯했다. 잠시 로비라운지에 앉아 그녀의 이야기를 더 들을 수 있었다.

"제 외모를 바꾸면서부터 업무적으로도 많은 변화를 가져왔어요. 먼저 출근하면, 부장의 일거수일투족을 살피며 벤치마킹했어요. 고객에게 전화할 때는 어떤 목소리로 어떻게 응대하는지, 고객관리 기법도 세세하게 익혔어요. 그러다 보니 점점 자신감이 생기더군요. 요즘은 틈틈이 '자산관리사' 시험도 준비하고 있어요. 정신없이 바쁘지만 얼마나 행복한지 몰라요."

그녀는 고객 설득력을 강화하여 영업 실적을 높이는 데도 성공한 것이다. 이제 보험설계사라는 직업은 단순히 보험 아줌마의 이미지에서 벗어나 점점 전문화되고 있는 실정이다. 따라서 전문 보험설계사로서의 매력 리더십으로 고객에게 다가가고 고객을 설득할 수 있어야 한다. 전문지식과 함께 프로페셔널한 이미지 구축으로 고객에게 호감과 신뢰를 전달하면 보험 실적은 자연히 높아지게 마련이다. 그런데 의외로 전문지식은 갖췄는데 고객에게 전달되는 외모와 목소리, 태도가 전문가다워 보이지 않는 여성들이 너무 많은 것 같다. 나는 그녀들에게 전문가답지 않은 이미지로는 고객을 설득할 수 없다는 것을 강조한다.

날이 갈수록 경쟁이 치열해지고 있는 보험 시장에서 고객을 설득할 수 있는 능력이 곧 경쟁력이다. 모든 비즈니스에서 성공하려면 프로페셔널한 이미지 구축으로 고객을 설득할 수 있어야 한다.

매력은
균형이다

누구나 외적 매력과 내적 매력이 고루 갖추어졌을 때 그 매력은 배가된다. 어느 한쪽으로 치우치지 않고 내외적으로 균형을 이룰 때 진정 매력 있는 사람으로 거듭날 수 있다. 인성과 지성은 갖추었는데 외적인 매력이 부족하다면 외적 매력인 패션, 매너, 보디랭귀지를 업그레이드하면 된다. 반면에 내적인 매력이 부족하다면 전문 지식을 쌓거나 교양을 키우고 다양한 문화 활동으로 강화하면 된다.

과거에는 직업 특성에 따라 외모만 갖추거나 내면의 실력만 갖추어도 그리 불편하지 않았다. 그러나 현대사회는 내외적인 매력을 모두 갖추지 않으면 살아남기 힘들다. 전문지식과 교양은 물론 외모까지 갖추었다면 당신의 삶은 실타래처럼 술술 풀릴 것이다.

내외적인 매력의 소유자, 나경원 최고의원

과거와 달리 여성 정치인도 매력 리더십을 갖추어야 경쟁력이 생긴다. 이 시대에 갑옷처럼 무겁고 딱딱해 보이는 정장이나 어설픈 패션은 대중에게 어필할 수 없다. 글로벌한 여성 정치인이라면 내적인 스펙은 기본이고, 능력도 있고 매력적이어서 닮고 싶은 여성이 되어야 한다.

점차 남성 정치인에 비해 여성 정치인이 늘어나는 현실에서 한국의 여성 정치인들도 이미지 관리에 부쩍 관심을 보이고 있다. 이는 매우 고무적인 현상으로, 여성 정치인이기 이전에 여성으로서의 매력과 정치인으로서의 부드러운 리더십을 발휘했으면 좋겠다.

미모의 정치인이란 수식어와 함께 여대생들이 가장 닮고 싶어 하는 여성 정치인으로 꼽히는 나경원 최고의원. 그녀는 우아하고 아름다운 얼굴을 가졌으며 똑 부러지는 말투는 앵커의 뺨을 칠 정도로 노련하다. 그래서일까. 그녀가 한나라당 대변인이었을 때, 어떤 사람은 나경원 대변인이 방송인 출신인 줄 착각했을 정도였다. 그녀의 스피치 능력은 탁월하여 주요 시사 토론 프로그램의 단골 여성 정치인으로도 유명하다. 게다가 여성 정치인으로서 베스트 드레서로 불릴 정도로 스타일링 감각 또한 뛰어나다.

언젠가 그녀는 생방송으로 진행된 〈TV 심야 토론회〉에 출연했는데 와인색 재킷 안에 아이보리 톱을 심플하게 입었다. 재킷의 깃은 라운드 스타일이어서 그녀의 부드러운 이미지와 잘 어울렸다. 나는 그녀가 생방송이 끝나고 집으로 돌아갈 즈음 전화를 걸었다.

"나 의원님, 와인색 슈트가 잘 어울리시던데요?"

"요즘 그 옷이 제 교복이에요. 매일 그 옷만 입고 다녀요. 그런데 그 옷 얼마 주고 샀는지 아세요? 80% 세일할 때 20만 원도 안 되었어요."

"정말이요? 잘 샀네요."

실제로 나 의원은 옷을 구매할 때 스타일보다 가격을 먼저 살핀다. 여느 주부처럼 판매대에 쌓여 있는 옷들을 꼼꼼하게 찾아 저렴하게 산다. 그녀는 한 벌의 슈트로도 다양한 스타일을 연출할 줄 아는 패션 감각을 가졌다. 감청색 투피스 한 벌로 흰색, 연파랑, 연분홍 등의 블라우스나 톱 등을 받쳐 입어 다양한 스타일링을 즐긴다. 그녀는 자신의 타고난 이미지를 알고 자신을 잘 표현할 줄 아는 여성 정치인이다.

그녀는 부드럽고 우아한 '여름 사람'의 이미지다. 이 이미지에 잘 어울리는 굵은 웨이브 스타일의 헤어, 은은한 메이크업과 엘리건트한 패션으로 자신만의 개성을 살렸다.

그런데 그녀가 국회의원이 되고 당 대변인을 거치면서 이미지가 조금씩 달라지기 시작했다. 당 대변인으로서의 역할이 만들어준 차갑고 냉정한 이미지로 말이다. 그녀의 패션도 점점 권위적이고 무거워지는 느낌이었다. 그래서 나는 그녀에게 옷의 색상을 바꾸어 그녀 본연의 부드러운 이미지를 연출할 수 있도록 제안했다.

"나 의원님, 요즘 TV에서 보니까 옷이 너무 블랙 위주예요. 그래서 얼굴이 더 차갑고 딱딱하게 보일 거예요. 파스텔 톤의 이너웨어와 그 린 계열의 슈트 컬러로 입어보세요. 그러면 한결 부드러워 보일 것 같 아요."

그녀는 당 대변인으로 활동하면서 당의 이미지를 구축하는 데 지대 한 공헌을 했음에 틀림없다. 최근에는 당 최고의원으로 승격하면서 지 역 주민에게 친근한 이미지를 주기 위해 정장에 커리어우먼의 이미지 를 주는 셔츠 스타일보다는 블라우스를 입음으로써 그녀 본연의 부드 러운 이미지를 되찾았다. 이로써 당 대변인 시절의 쿨하고 도전적인 차림새가 그녀 자신의 의도보다는 당 대변인으로서 갖춰야 할 역할에 충실했다는 것을 짐작할 수 있었다.

그녀는 멀티형 여성 정치인의 모델이 되기에 충분하다. 언젠가 패션 화보에서 우아한 자태를 뽐내 화제가 되기도 했다. 모 여성 잡지에서 '2009 대한민국 파워우먼의 초상'이라는 특집 기사로 사회 각계 여성 명사 20인을 초대해 패션 화보를 찍었다. 여성 정치인으로는 나경원 의원이 선정되었는데, 그녀는 드리스 반 노튼Dries Van Noten의 검정 블라우스에 랄프 로렌의 우아한 검정 롱스커트를 입고 나무 벤치에 앉아 책을 읽는 콘셉트로 촬영을 했다. 나는 그녀의 사진을 한동안 바 라보며 카타르시스를 느꼈다. 역대 한국 여성 정치인에게서 그토록 매 력적인 모습을 본 적이 없었기 때문이다.

하지만 완벽해 보이는 그녀에게도 실패와 아픔은 있었다. 그녀는 한

매력이란 무엇인가?

언론매체와의 인터뷰에서 이런 말을 하기도 했다.

"사실, 고시에 여러 번 떨어졌죠. 그리고 인생에는 각자의 아픔이 있잖아요?"

여성 정치인으로서의 소망을 묻는 질문에 그녀는 "김혜자처럼 푸근한 여자 1위에 뽑힌다면 기쁠 것 같다"며 소박한 바람을 내비쳤다. 여성 정치인으로서 갖추어야 할 지혜와 덕목이 드러나는 대답이다. 그녀는 내외적 매력의 균형을 이룬 여성 정치인이다.

일과 결혼 사이, 매력 있는 여자의 선택은?

"선머슴 같은 딸아이가 시집 좀 가게 해주세요. 치마를 입고 다닌 적도 없고요. 남자 선배들을 형이라고 불러요!"

건축설계사로 일하는 S(35세)씨의 어머니는 딸에게 이미지컨설팅을 받게 했다. 어머니 손에 이끌려 반강제로 연구소를 찾아온 딸은 '봄 사람'의 얼굴 이미지만 빼고 여성스러운 면을 찾아볼 수가 없었다. 커트머리에 노 메이크업, 청바지와 캐주얼한 검정색 재킷에 로퍼를 신고 있었다. 퉁명스러운 말투는 물론 무릎을 남자처럼 벌리고 앉은 자세, 말할 때의 제스처에서도 남성적인 분위기가 풍겼다. 나는 황당해하며 그녀에게 물었다.

"여자가 여자다워야지 왜 남자 같은 느낌이 들죠?"

그녀는 손으로 머리를 긁적이며 멋쩍은 듯 말했다.

"10년을 남자들하고만 일하다 보니 저도 모르게 그런 분위기가 몸에 배었나 봐요. 여성스러운 외모나 말투로는 남자들과 일하기 힘들거든요. 현장에서 치마를 입을 수도 없고, 그러다 보니 여성스러운 분위기를 모두 잃어버렸나 봐요. 하하."

그녀와 대화를 나눠본 결과, 밋밋한 표정과 목소리에서 심심한 느낌이 들었다. 나는 그녀에게 표정을 좀 더 다양하게 연출하는 방법과 목소리를 훈련시켰다. 내가 눈빛 표정을 시연해 보이자 그녀는 거북해했다.

"정말 쑥스러워요. 차라리 연애 안 하고 말겠어요. 제가 영화배우를 할 것도 아닌데……."

여성으로서 남성에게 어필하지 못하는 이미지는 진정한 매력이라 할 수 없다. 아무리 일을 잘해도 이성에게 어필할 수 있는 매력을 발산할 수 없다면 그녀의 삶은 무미건조하다. 물론 남성의 영혼을 송두리째 빼앗는 팜파탈적인 매력은 아니더라도 다음의 만남 정도는 끌어내게 하는 '매혹'의 매력은 기본으로 갖추어야 한다.

직업과 상관없이 모든 여성은 여성다울 때 가장 매력적으로 보인다. 일할 때는 커리어우먼의 이미지, 데이트할 때는 사랑스러운 이미지여야 한다. 직장생활을 잘하면서도 결혼에 성공한 커리어우먼들도 많다. 일 잘하는 여자가 매력적이기까지 하면 더욱 멋지지 않겠는가.

그녀는 처음에는 소극적인 자세였다가 점점 적극적인 자세로 컨설팅에 임했다. 그녀는 '하회탈 표정 만들기' 컨트롤 과정에서 카메라에 찍힌 자신의 웃는 모습을 보고 여자다워 보인다며 만족해했다. 그리고 매력적인 눈빛 연출법, 구부정한 어깨를 펴는 자세 교정, 우아하게 앉은 자세, 팔자걸음에서 벗어나는 워킹 코칭을 받으면서 쑥스러워했다.

그로부터 3개월이 지났을까. 그녀의 어머니로부터 전화가 왔다. 딸이 동갑내기의 남성과 교제 중인데 잘될 것 같다는 것이었다. 그녀는 자신의 내면에 꼭꼭 갇혀 있던 여성성을 발견하고 매력을 개발한 대표적인 케이스다.

남성들의 전유물이었던 직업에까지 여성의 참여가 확대되고 있는 현실에서 거칠고 딱딱한 현장에서 일하다 보면 남자 같은 여자가 되기 십상이다. 하지만 업무의 성격과 여성성은 구분되어야 한다. 차림새는 물론이고 몸짓과 태도까지 남성화되면 곤란하다. 그렇다고 항상 여성스러운 치마를 입으라는 얘기가 아니다. 매니시 스타일을 입어도 몸짓과 태도가 여성적이면 얼마든지 섹시한 매력을 자아낼 수 있다.

일할 때는 남성 못지않게 치열하게 일하되, 일상생활에서는 여성스러워야 한다. 남성이 많은 직업군에서 일한다고 해서 여성의 매력을 잃어버린다면 이성에게 어필할 수 없고 결국 반쪽짜리 인생을 살게 된다. 매력 있는 여자는 일과 결혼을 동시에 유지하며 균형 있는 삶을 추구하기 때문이다.

남자를 보는 눈이 은근히 까다로워 30대 후반이 다 되도록 싱글인 조카로부터 전화가 왔다.

"이모, 저 이번 겨울에 결혼할 것 같은데 막상 결혼을 하려니까 혼란 스러워요. 저는 플라토닉한 사랑을 하고 싶은데 남자친구는 그렇지 않아서 속상해요."

"그래? 꿈 깨! 남자는 절대 그런 사랑을 원하는 존재가 아니야."

"근데 막상 결혼해서 마음에 안 들어 이혼을 하게 되면 어떡하죠?"

"결혼도 하기 전에 이혼부터 걱정하니? 나는 노처녀보다는 이혼녀 가 차라리 매력 있어 보이더라. 결혼을 하지 않고서는 이혼녀가 될 수 없으니까 결혼을 하는 게 낫지? 결혼을 해도 네가 이루고 싶은 작가의 꿈은 놓지 마라. 글쓰기는 너를 실망시키지 않을 테니까."

대부분의 미혼 여성은 자신의 인생에서 남자가 행복의 기폭제가 되 어주기를 바란다. 나 또한 결혼 전까지는 그렇게 생각했다. 하지만 결 혼은 현실적으로 남성보다는 여성에게 더 많은 희생을 요구하는 시스 템이다. 출산, 육아, 교육, 게다가 자신의 커리어까지 챙기려면 여성의 삶은 엄청나게 분주해진다. 이런 이유로 20~30대 미혼 여성의 절반이 결혼을 꼭 하지 않아도 된다고 생각하는 것인지 모른다.

내 주변에도 싱글이 꽤 있는데, 전문직으로 일에 열중하다 보니 결 혼할 시기를 놓쳤다고 해야 할까. 그런데 40대에 들어서면서부터는 왠지 모르게 외로움이 묻어나는 것 같다. 아직 30대에는 결혼의 중요성도 실감하지 못할뿐더러 그 젊음이 영원하지 않다는 것을 잘 모른다. 만약 누군가 결혼을 할 것인가, 일을 할 것인가로 고민한다면 인생의 선배로서 해주고 싶은 말이 있다.

"직장생활을 하다가 사랑하는 남자를 만나면 결혼을 하라." 여자가 결혼해서 사랑스러운 아기를 낳고 키우면서 얻는 기쁨은 그 어떠한 행복도 대신할 수 없을 만큼 소중하다. 비록 고단한 엄마의 역할이 주어진다 해도 삶의 깊이가 달라진다. 그리고 일도 그만두지 말고 계속하길 바란다. 일은 여자의 인생에서 또 하나의 돌파구이다. 결혼 전엔 몰랐던 남편의 받아들일 수 없는 약점과 맞닥뜨리더라도 여성에게 일이 있으면 이혼의 두려움은 한결 줄어든다. 일은 정신적인 피난처이자 경제 문제를 해결해주기 때문이다. 일과 함께라면 결혼을 지나치게 두려워할 필요는 없다. 나는 스물한 살인 내 딸 지원에게 이렇게 말하고 싶다.

"남자를 행복의 파랑새로 여기지 마라. 인생의 동반자로 생각해라. 일과 결혼은 필수고 이혼은 선택이다."

성형수술 해야 할까, 말아야 할까

여전히 지금도 회자되는 미국 최고의 매력녀인 영부인 재클린 케네디 오나시스는 기자 출신이었다. 그녀는 상원의원 존 F 케네디를 취재하면서 그를 만났고 얼마간의 연애 기간을 거쳐 결혼에 성공했다. 케네디 또한 매력 있는 남자로 둘째가라면 서러워할 정도였다. 그런 그가 구혼한 재클린의 매력은 무엇이었을까.

그녀는 타고난 미인형의 얼굴과 몸매를 소유한 것도 아니었다. 그녀의 얼굴 사진을 살펴보면 V라인이나 계란형이 아니라 각진 얼굴형이다. 그녀의 지나치게 넓은 미간은 불균형을 이루며 결코 아름답지만은 않다. 체형 또한 S자의 볼륨 있는 몸매가 아닌 빈약한 몸매다. 그런 그녀가 최고의 매력남인 케네디에게 어필했던 것은 무엇일까. 바로 그녀의 지적인 매력과 세련된 패션 감각, 특유의 우아한 몸짓과 여성스러움이었다. 만약 그녀가 선머슴처럼 쇼트커트에 남자 같은 몸짓에 팔자걸음을 걸었다고 상상해보자. 그랬다면 케네디의 마음을 사로잡고 세계 최고의 선박왕이며 거부인 오나시스로부터 프러포즈를 받을 수 있었을까. 그녀의 세련된 매너는 각국의 정상들에게 신선한 영향력을 주어 미국의 성공적인 외교를 이끌어냈다. 패션에 있어서도 그녀가 입은 옷들은 재클린 스타일로 불리며 우아함의 극치를 보여주었다. 그녀의 스타일은 지금까지도 지구촌의 멋쟁이들에게 영원한 클래식 스타일로 사랑받고 있다.

그녀는 매력지상주의를 추구해야 하는 현대 여성에게 훌륭한 롤 모델이다. 얼굴 생김새만으로는 결코 매력적이지 않았지만 그럼에도 얼마든지 매력 있는 여자가 될 수 있다는 것을 보여주는 대표적인 모델이다. 우리는 그녀를 통해 매력적인 사람이 되기 위해서는 얼굴 생김새나 몸매보다 세련된 패션 감각과 매너, 몸짓, 화술이 더 중요하다는 사실을 알 수 있다. 최근 들어 외모지상주의가 만연함에 따라 지나치게 얼굴 생김새에 집착하는 여성들이 늘어나고 있다. 심지어 성형중독자가 되기도 해 안타까움이 더하다.

H씨는 명문 여대 출신의 패션지 여기자(38세)로 지적인 얼굴 이미지를 가졌다. 패션지 기자답게 스타일도 세련되고 어느 하나 부족함이 없어 보이는 그녀가 왜 이미지컨설팅을 받으려고 하는지 의아했다. 그녀와 상담한 후 나는 그녀가 심각한 병을 앓고 있다는 것을 알았다. 아무 문제가 없어 보였던 그녀는 지독한 코 성형 중독자였다.

"제 코가 마음에 안 들어요. 코 성형수술을 여섯 번이나 했는데도 만족할 수 없어요."

"아니, 코가 예쁜데 왜요?"

"모르겠어요. 거울만 보면 온통 코밖에 안 보여요."

그녀의 말을 듣고 코를 자세히 살펴보니 여섯 번이나 고난(?)을 당해서인지 다소 큰 코가 얼굴의 균형과 맞지 않는 느낌을 주었다.

"괜찮아요. 코가 이상하게 보였다면 처음부터 제 눈에 띄었을 거예요. 제가 봐서 예쁜 코면 다른 사람들 눈에도 그렇게 보이니까 이제 만족해도 되겠어요."

"그런가요?"

"그래도 코가 마음에 안 들면 눈 화장으로 포인트를 주세요. 눈에 입체감을 더하면 코의 이미지가 덜 부각되니까요."

그날 이후 나는 그녀가 자신의 코에 만족한 줄 알았다. 그런데 몇 개월이 지나서 지인을 통해 그녀가 일곱 번째 코 성형수술을 했다는 얘기를 들었다. 그 말에 놀랐지만 그 수술이 그녀에게 마지막이 되길 바랄 뿐이었다.

지나친 외모 집착은 자칫 성형중독으로 이어질 수 있으니 조심해야 한다. 그 유명한 '선풍기 아줌마'의 흉측한 얼굴이 TV에 소개되었을 때, 모든 사람들이 경악했다. 그녀의 성형수술 이전의 모습은 가수로 활동하기에도 충분할 만큼 매력적인 얼굴이었다. 무엇이 그녀를 성형중독이라는 수렁에 빠지게 했을까. 외모지상주의를 지나치게 의식한 외모 콤플렉스 때문이다.

물론 성형수술이 꼭 필요한 경우도 있다.

내 지인의 딸(22세)은 서울의 모 대학교 장학생인 재원이다. 그녀는 어렸을 때부터 음악, 미술, 체육 등 모든 분야에서 일등을 해야 직성이 풀렸다. 성격 또한 밝고 상대를 배려하는 성품으로 친구들도 많았다. 그런 그녀에게는 미간이 넓고 작은 눈이 콤플렉스였다.

그녀가 대학 졸업을 앞두고 내 연구소를 찾아왔다. 그녀는 눈 앞트임과 쌍꺼풀수술을 하고 싶다고 했는데 내가 봐도 눈의 균형이 맞지 않았다. 그녀의 눈은 얼굴형과 코, 입에 비해 너무 답답한 느낌이었다.

매력이란 무엇인가?

나는 그녀의 성형수술 결정에 적극 찬성했다. 성형수술 이후 그녀의 작은 얼굴은 이목구비가 균형을 이루면서 한결 자연스럽고 예뻐졌다. 그녀는 간단한 수술만으로도 외모 콤플렉스에서 벗어날 수 있었다.

며칠 전, 그녀가 내게 문자를 보내왔다. "제가 사실은 어릴 적부터 겉으론 아닌 척했지만 유난히 작고 답답한 눈매 때문에 속앓이를 많이 했어요. 그런데 선뜻 용기가 나지 않아 머뭇거렸는데 선생님의 적극적인 추천으로 이렇게 예쁜 눈을 가질 수 있게 되어서 정말 행복해요. 외모에 대한 자신감으로 공부도 더 잘되는 것 같아요. 감사합니다."

그녀는 현재 외무고시를 준비 중이다. 내외적인 매력을 연마하는 데 노력을 아끼지 않는 그녀의 용기에 박수를 보내고 싶다.

성형수술은 심한 콤플렉스에서 벗어나기 위해 꼭 필요한 경우에만 하는 게 좋다. 재클린의 예를 봐도 알 수 있듯이, 외적인 매력은 컴퓨터 미인 같은 얼굴에서만 나오는 게 아니기 때문이다. 지나친 성형수술로 만들어진 몰개성하고 부자연스러운 미모는 오히려 매력을 반감시킨다는 사실을 강조하고 싶다.

신체의 균형에 맞게 스타일링하라

대인관계나 비즈니스에서의 이미지는 객관적이지만 남성들에게 호감을 주는 이미지는 다분히 주관적이다. 주변을 둘러보면, 그다지 매력적이지 않은 여성인데 남성들한테 인기가 많은 경우가 있는가 하면 어떤 여성은 누가 봐도 매력적인데 남자들에게 별로 어필하지 못하는 경우도 있다. 그만큼 이성 간에는 미묘한 매력이 작용하는 것 같다. 얼굴이 예쁘다고, 몸매가 늘씬하다고 남자들이 무조건 좋아하는 것은 아니다. 남성이 여성에게 사랑을 느끼게 되는 요인은 따뜻한 미소, 세련된 패션 감각, 상대를 배려하는 태도, 적극적인 마인드 등이 아닐까 싶다.

나는 언젠가 거리를 걷다가 한 여성의 뒤에서 걸어가던 두 남자가 속삭이는 대화를 들은 적이 있다. 한 남자가 호감 어린 표정을 지으며 "딱 내 스타일인데!"라고 말하자 다른 남자는 "내 스타일은 아닌데!"라는 반응을 보였다. 이처럼 이성에게 느끼는 매력은 개인차가 있기 마련이다.

M(32세, 금융회사 근무)씨는 맞선을 볼 때마다 매번 깨지는 것이 고민이었다.

"맞선에서 만난 남성과 세 번 이상 만남으로 이어진 적이 없어요. 제가 남자들이 싫어하는 스타일인가 봐요."

"전혀 그렇게 보이진 않는데요."

나는 그녀를 격려하면서도 지속적인 만남으로 이어지지 않는 이유가 궁금했다. 반듯한 얼굴 생김새와 자세, 매너, 말투에서도 특별히 문제가 없어 보였다. 그런 그녀가 유독 이성에게만 어필하지 못하는 이유는 무엇일까. 맞선 이후 첫 만남과 두 번째 만남까지 이어지는 것을 보면 그녀의 첫인상에는 문제가 없어 보였다. 그런데 왜 남자들은 세 번째 이상의 만남을 원하지 않았을까. 내 머릿속에는 별의별 생각이 다 들었다. 그녀가 겉으로는 멀쩡해 보이지만 남성을 만날 때마다 이성에게 호감을 주는 이미지를 의식하여 어색한 표정을 지었을까, 아니면 식사할 때 지저분하고 칠칠찮은 여자로 비쳤을까, 긴장해서 말투가 어색했을까 등등.

나는 그녀가 남자와의 만남에서 어떤 상황을 연출하는지 알 수 없어 답답했다. 그렇다고 만나는 장소에 가서 몰래 카메라를 들이댈 수도 없는 노릇이었다. 이미지컨설팅은 원인을 알아야 다음 단계의 이미지컨트롤로 들어가는데 수많은 컨설팅을 해왔지만 그때처럼 난감했던 경우는 흔치 않았다. 그러던 중 내 머리에 번뜩 스치는 것이 있었다. 일차적으로 그녀의 중성적인 얼굴 이미지가 옷차림새와 어울리지 않았다. 그녀의 쿨한 이미지에 로맨틱한 연노랑의 러플이 달린 블라우스가 눈에 거슬렸다.

"혹시 맞선 본 남자들하고 데이트를 할 때마다 러플과 레이스가 달린 블라우스를 입고 나갔어요?"

"네. 제가 여성스럽지 않은 얼굴이라서 블라우스를 입었는데 그게 잘못된 건가요?"

그녀가 입은 여성스러운 러플 블라우스는 그녀의 중성적인 이미지와 균형이 안 맞아 어쭙잖아 보였다. 그녀의 쿨한 이미지에는 프로페셔널한 스타일이 매력적으로 보인다. 도회적인 시크함이 묻어나는 스타일이 베스트 초이스다. 이 스타일은 그녀의 이미지를 돋보이게 해줄 뿐만 아니라 여성 금융인으로서의 매력 또한 강조해준다. 나의 조언에 따라 그녀는 스타일을 당장 바꾸었다. 간결하면서도 소재감이 돋보이는 감청색 슈트를 몸에 피트되게 입었다. 이너웨어로는 연한 그레이 컬러의 톱을 입어 프로페셔널한 이미지를 부각시켰다. 패션을 바꾸니 그녀에게서 전문직 여성 특유의 세련된 매력이 물씬 풍겼다.

그녀를 통해 다시 한번 깨달은 사실은 여성성을 강조하기 위해 무조건 러블리한 스타일을 입는다고 남성에게 어필하는 것은 절대 아니라는 것이다. 중성적인 이미지의 그녀가 로맨틱한 스타일을 입으면 왠지 조화가 안 되는 느낌이다. 매력적인 패션 연출의 우선순위는 얼굴의 이미지와 스타일이 균형을 이뤄야 한다는 것이다.

이번에는 의사답지 못한 이미지로 환자들로부터 간호사로 오해받은 치과의사 B(36세)씨의 사례이다. 그녀는 내게 이미지컨설팅을 신청하는 메일을 보내왔다. 나는 그녀의 메일을 읽으면서 그녀가 지적이고 따뜻한 내면을 지닌 여성임을 알 수 있었다.

"안녕하세요. 저는 현재 치과의사로 일하고 있는데 나이에 비해 살짝 동안에(^^) 목소리도 어리고 경험이 부족해 보이는 단점이 있어 환자들을 대할 때 매니지가 잘 안 돼요. 저는 외모와 태도, 말투에서 환자들에게 신뢰감을 주는 이미지를 갖고 싶습니다. 카리스마 있는 스타일이나 연륜이 있어 보이는 것은 어렵겠지만 신뢰감을 줄 수 있는 편안한 분위기로 환자들에게 다가가고 싶어요. 제가 써놓고도 쑥스럽네요. 제게 어울리는 최상의 이미지를 대표님이 찾아주실 거라 믿습니다. 그리고 집에서는 남편과 아이들에게 자상하고 따뜻한 아내와 엄마이고 싶어요(ᵔᴥᵔ)."

그녀는 유능한 의사로서의 이미지 구축이 환자를 설득하는 도구가 된다는 것을 잘 알고 있었다. 하지만 그녀는 자기 본연의 이미지와 자신에게 어떤 이미지가 필요한지 알지만 어떻게 연출해야 될지는 몰랐다.

그녀가 처음 연구소에 들어섰을 때, 그녀는 간호사의 이미지도 아닌 과거 70년대의 '사모님' 스타일이었다. 명문 의대를 나온 중국 교포 출신이었는데 외모와 스펙이 너무 동떨어져 있었다.

희고 고운 피부에 동안의 오목조목한 얼굴 생김새까지는 좋았으나 그녀를 의사다워 보이지 않게 한 주범은 바로 올림머리였다. 물론 패션도 한몫했다. 검정색의 모직 바지에 러플이 달린 베이지색 실크 블라우스 차림은 아무도 그녀를 의사로 여기지 않을 것 같았다. 하지만 그녀의 말투와 태도에서는 단정하고 온화한 이미지가 풍겼다. 먼저 긴머리를 단발로 자르고 볼륨감을 살린 스타일로 바꾸었더니 분위기가 180도 달라졌다. 메이크업은 치과의사로 마스크를 쓰고 진료하므로 눈 화장에 포인트를 주었다. 갈색 계열의 아이섀도로 음영을 주고 마스카라로 눈매를 또렷하게 표현했더니 한결 성숙해 보였다. 입술은 핑크베이지 계열의 립스틱을 바르고 마스크에 묻지 않도록 티슈로 유분기를 눌러 제거했다. 어려 보이는 목소리는 복식호흡 훈련법을 집중적으로 연습하게 했다. 이미지컨설팅을 끝내고 나서 3개월쯤 후에 연구소 직원이 그녀에게 피드백을 하기 위해 전화를 걸었다.

"선생님, 요즘 환자들의 반응은 어떠세요?"

"제가 매일매일 얼마나 신경을 쓰는데요. 환자들이 요즘은 저를 의사로 봐줘요."

그리고 나서 6개월여가 지났을까. 그녀는 이제 자신을 간호사로 오해하는 환자가 아무도 없다는 메일을 보내왔다. 나는 그녀에게 '성공하는 여의사의 매력 리더십' 수료증이라도 보내주고 싶었다.

매력은
열정이다

열 정은 성공하는 여자들이 공통적으로 갖는 매력 요소로서 그녀들의 삶을 성장시키는 아주 특별한 힘이다. 열정은 자신의 삶이 지칠 때 강력한 활력소가 되고, 실의에 빠진 상대에겐 자극제가 되어주는 강력한 에너지다. 그래서 열정이 있는 여자는 매력이 철철 넘쳐 보이는 것이다. 그녀들은 또한 주도적인 삶을 추구한다. 자신의 일과 사랑에도 열정적이다. 열정적인 여자들은 외적으로는 당당하고 활기차다. 표정(특히 눈빛)에서, 자세와 태도에서 열정이 뿜어난다. 그러나 내면의 열정이 겉으로 드러나지 않는 여성들도 있다. 여류 작가, 예술가들 말이다. 그녀들은 겉으론 조용해 보이지만 내면에는 용광로처럼 뜨거운 열정을 가지고 있다. 그녀들이 외모를 가꾸지 않아도 매력적으로 비치는 이유는 내면에 감춰진 열정 때문이다. 내면의 열정은 바깥으로 배어나기 마련이니까. 반대로 열정이 없는 여자들은 아무리 뛰어난 외모의 소유자라도 만남이 더해질수록 매력이 반감되고 만다. 그녀들은 물에 술 탄 듯, 술에 물 탄 듯 밍밍하다. 열정 또한 타고나기도 하지만 후천적인 의지와 노력으로도 얼마든지 키워낼 수 있다.

매력과 열정의 연금술사, 박칼린 감독

최근 부드러운 카리스마로 큰 파장을 일으킨 여성이 있다. 바로 음악 감독 박칼린이다. 그녀는 TV 프로그램 〈남자의 자격〉에 출연하여 부드러운 카리스마의 매력 아이콘으로 떠올랐다. 일명 성악 '오합지졸'을 이끌어 훌륭한 합창단으로 만들어낸 것이다. 악보도 읽을 줄 모르는 단원들을 훈련시켜 아름다운 화음을 만들어냈을 때 시청자들은 감동의 도가니에 빠져들었다. 사람들은 왜 그녀의 리더십에 열광했을까. 나는 그녀가 '매력 리더십'을 갖추었기 때문이라고 생각한다. 합창단원들이 그녀에게 끌리지 않았다면, 즉 그녀에게 매력이 없었다면 그토록 좋은 화음은 만들어내지 못했을 것이다.

그렇다면 그녀의 매력은 어디서 오는 걸까. 그녀가 가진 매력의 근원은 열정이다. 20년 동안 갈고닦은 그녀의 열정이 비로소 세상 사람들에게 알려진 것이다. 또한 그녀의 매력 리더십이 높은 평가를 받는 이유는 '짧은 시간에 크게 이룬 성과'에 있다. 그러한 성과는 조직의 변화를 확실하게 이끌어냈기에 가능한 것이었다. 직업은 다르지만 리더로서 갖추어야 할 가장 중요한 덕목이 있다면 그것은 바로 변화를 이끌어내는 능력이다. 또한 음악이 곧 인생이라고 말할 만큼 그녀의 열정은 매력 결정체이다. 그래서 그녀는 열정이라는 매력 리더십으로 주목받고 있다. 그녀의 열정은 전문성, 성품, 표현력이라는 세 가지 매력 리더십으로 뿜어져 나왔다. 그녀는 이 매력 요소들을 고루 갖추었기에 많은 사람을 감동시킬 수 있었다.

첫째, 전문성이다. 음악적 전문성은 그녀의 본질을 말해주는 매력 리더십이다. 그녀는 미국의 음대에서 성악을 전공했고, 국내 명문대학 대학원에서 석사과정을 밟았다. 그녀에겐 전율이 느껴지는 목소리를 내는 성악가로서의 자질이 있기에 매력적인 것이다. 성품과 표현력이라는 열정을 갖추어도 음악가로서의 내공이 없었다면 매력 리더십을 발휘할 수 없었을 것이다.

둘째, 성품이다. 그녀의 성품은 반듯한 원칙주의에서 그대로 드러난다. 실제로 그녀가 합창단원들을 뽑을 때 음악성 외에도 그들 개개인의 인성을 잣대로 삼은 것만 봐도 알 수 있다. 그녀에게서 음악감독으로서의 권위의식이라고는 찾아볼 수 없었다. 시종일관 소박한 태도로 매력 리더십을 보여주었다. 만약에 그녀가 음악적 전문성은 있으나 성품과 표현력을 갖추지 못하면 매력 리더십은 소멸된다. 얼마 전 물의를 일으킨 모 음대 교수의 제자 폭력 사건이 말해주듯 성품 없는 전문성으로는 매력 리더십을 절대 발휘하지 못한다.

셋째, 표현력이다. 그녀의 자기표현 능력은 완벽에 가깝다. 합창대회가 있던 그날, 그녀의 표현력은 매력 리더십의 절정을 보여주었다. 나는 그녀의 자연스럽고 풍부한 표정을 보고 나서 그녀에게 그만 매료되고 말았다(이후 그녀가 토크쇼에 나와서 자신은 무표정한 얼굴을 짓는 것이 가장 힘들다고 말했을 정도로 그녀의 표정은 살아 있다). 그녀의 표정은 단원들과 청중들에게 강력한 메시지를 전달했다. 그녀가 지휘봉을 들고 합창단원들 앞에 섰을 때, 시청자들은 마치 한국의 국가대표 축구 선수들의 승부차기 직전처럼 숨 막히는 적막감을 느꼈을 것이다. 그때 그녀는 만화 속의 주인공이 튀어나온 듯 씨익 미소를 지었다. 그 미소는 합창단원들의 너무 긴장하여 굳은 마음을 녹이는 용광로와 같았다. 그녀의 진지한 눈빛은 부드러웠지만 강렬했고 카리스마가 뿜어져 나왔다. 합창이 끝나자 그녀는 무대 뒤에서 합창단원 한 사람씩 격려하며 감동의 눈물을 흘렸다. 가식이 아닌 내면의 진실성으로 매력 리더십을 보여주었다.

이번에는 그녀의 매력적인 패션을 탐구해보자. 합창대회 때 그녀가 입은 셔츠는 참 멋졌다. 〈남자의 자격〉에서 합창단원들을 오디션할 때도 연한 파스텔 블루의 깃이 높은 단순한 셔츠 차림이었지만 스타일리시했다. 그녀가 입은 셔츠의 맵시는 여느 한국 여성들과는 달랐다.

사실 나는 그 프로그램을 보기 전까지만 해도 그녀의 존재를 잘 몰랐다. 그런데 그녀의 셔츠를 보고 외국에서 공부했거나 체류한 적이 있을 거라는 짐작을 할 수 있었다. 서양 여성들은 셔츠를 입을 때, 세 개의 단추를 풀지만 한국 여성들은 두 개의 단추를 푼다. 나 역시 세 개의 단추를 풀면 스타일리시해 보인다는 것을 알지만 우리의 정서상 두 개의 단추만 풀고 입는다. 다시 그녀의 셔츠 얘기로 돌아가자. 합창 대회 날, 그녀가 입은 화이트 셔츠는 평상시보다 셔츠 깃이 크고 높은 스타일이었다. 블랙 슈트 안에 입은 화이트 셔츠는 그녀의 전문성이 돋보이는 매력 리더십을 전달하기에 충분했다. 셔츠는 군더더기 없고 심플한 그녀의 내면과 정체성을 가장 잘 드러내는 패션 아이템이다.

그런데 아쉽게도 그녀의 최근 패션 스타일이 달라지고 있다. 그녀의 카리스마가 묻어나왔던 셔츠 스타일에서 많이 벗어나 있다. 그녀가 최근에 입은 페미닌 스타일의 애니멀 프린트 셔츠, 미니 원피스의 경우가 그렇다. 지나치게 한 가지 스타일만 고수하게 되면 그 사람의 성격까지도 고루해 보이기 쉽다. 그런 의미에서 버라이어티한 스타일을 추구하는 것은 어쩌면 반가운 현상일지도 모른다. 하지만 그녀는 음악 감독으로서 요구되는 프로페셔널한 이미지를 주는 일관된 스타일을 유지하여 자신만의 고유한 아이덴티티를 구축해야 한다. 어쩌면 우리가 박칼린에게 너무 많은 것을 요구하는지도 모르겠다. 박칼린의 팬으로서 그녀만의 정체성이 느껴지는 카리스마를 잃지 않기를 바란다.

열정이 매력을 유지하는 힘이다

언젠가 송년모임에서 전자 바이올리니스트 박은주의 연주를 감상한 적이 있다. 나는 온몸으로 연주하는 그녀를 보면서 매료될 수밖에 없었다. 그녀의 밝은 표정과 발랄한 몸동작(보디랭귀지)이 어찌나 열정적이고 매력적인지 청중의 시선을 한 몸에 받고도 남았다. 클래식 바이올린과 달리 전자 바이올린의 빠른 템포에 어울리는 표정과 몸짓에서 그녀의 열정이 묻어났다.

다양한 분야에서 자신의 일에 몰두하고 최고가 되기 위해 노력하는 여자들을 보면 나도 모르게 기분이 짜릿해진다. 자신의 일을 열정적으로 해내는 그녀들한테는 언제나 매력이 넘친다. 김연아는 미국 일간지 〈LA타임스〉와의 인터뷰에서 이렇게 말했다.

"늘 꿈꾸던 동계올림픽에서 금메달을 땄다. 원하는 것을 이뤘으니 새로운 캐릭터에 도전하며 연기를 즐기고 싶다."

김연아는 스무 살이라는 어린 나이임에도 성숙한 직업관을 가졌다. 물론 피겨스케이팅 경력이 10년이고 정상에도 올랐으니 이런 인터뷰가 가능했을 것이다.

나는 내 일에 느슨해지려고 할 때마다 발레리나 강수진의 발을 떠올리곤 한다. 엄청난 연습으로 망가진 그녀의 울퉁불퉁한 발을 보았는가. 그녀의 매력은 못생긴 발에서 발견할 수 있다. 그녀의 발레에 대한 열정은 가히 혀를 내두를 만한데, 혹독한 연습으로 살갗이 벗겨져

피가 나는데도 소고기를 상처에 납작하게 붙이고 연습을 계속했단다.

"더 못한다고, 이 정도면 됐다고 생각할 때 그 사람의 예술 인생은 거기서 끝납니다."

그녀가 발레리나로 정상에 오른 것이 거저 이루어진 것이 아님을 보여주는 그녀의 말이다.

이번에는 영화배우 이미숙의 연기 열정의 매력을 탐구해보자. 그녀는 어딘지 모르게 삶의 연륜과 함께 기품이 묻어나는 연기를 잘하는 중견배우다. 나이가 쉰을 넘었지만 여전히 매력적인 여배우다. 세기의 할리우드 스타들도 나이가 들면 매력을 잃어가는데 그녀의 매력은 어디서 나오는 것일까. 한번은 내가 TV에 출연하기 위해 분장실에서 메이크업을 수정하고 있었는데 그때 분장실에 있던 스태프가 그녀의 연기에 대한 열정을 들려준 적이 있다. 드라마를 찍던 날, 이미숙 씨는 심한 감기몸살에 걸려 분장실에서 앓고 있었다. 그런데 녹화 시간이 다 되어 연출감독의 큐 사인이 떨어지자 그녀는 언제 아팠냐는 듯이 능청맞게 연기를 해냈다는 것이다. 그 순간 녹화 현장에 있던 사람들의 눈이 휘둥그레졌고, 그녀의 연기 열정에 감탄했다는 얘기였다.

그녀의 매력은 열정적인 연기력에 있다. 나는 신문에 실린 이미숙 씨의 사진을 유심히 보곤 하는데 그녀에게선 늘 여배우로서의 당당한 포스가 풍긴다. 젊은 배우라면 연기력이 떨어져도 외모만으로도 매력 요소가 될 수 있지만 나이 쉰을 넘긴 여배우가 어떤 매력을 어필하겠는가. 만약 그녀가 연기를 못했다면 그녀만의 매력을 오랫동안 유지할 수 있을까.

또 다른 멋진 여배우들도 있다. TV 프로그램 〈놀러와〉에 원로배우 김수미 씨, 나문희 씨, 김영옥 씨가 출연한 적이 있다. 나는 그녀들의 입담과 농익은 연기력, 능수능란한 방송 스킬에 감동을 받았다. 그녀들이 나온 프로는 젊은 연예인들이 출연하는 토크쇼보다 훨씬 깊이 있고 재미있었다. 이러한 그녀들의 연기 열정이 바로 자신들의 매력을 유지할 수 있는 비결이 아닐까.

현대 여성에게 있어 일은 삶을 풍요롭게 해준다. 그러니 자신의 일은 후식처럼 먹어도 되고 안 먹어도 되는 것이 아니라 꼭 먹어야 되는 주식이어야 한다. 주식을 잘 챙겨 먹어야 몸이 건강하듯 일을 열정적으로 하면 행복한 여성의 삶을 누릴 수 있다.

나의 후배이자 연구소 직원이었던 A(당시 30세)는 뛰어난 외모와 전문가적 감각까지 갖춘 재원이었지만, 혼기가 되자 여기저기 맞선을 보러 다녔다. 그러던 중 마음에 드는 배우자가 나타났다. 그녀는 결혼 날짜를 잡자마자 기다렸다는 듯이 사표를 냈다. 나는 전문적인 능력을 갖춘 그녀가 일을 그만두겠다는 말에 적잖이 당황스러웠다. 나는 그제서야 그녀가 자신의 커리어를 쌓기 위해 일을 했다기보다 결혼 조건의 스펙을 쌓기 위해 일했다는 것을 알 수 있었다. 맞선자리에서 서른 살이 되도록 집에서 놀고 있다고 하면 왠지 부족해 보이지만, 일을 한다고 하면 그런 대로 모양새가 갖추어지니 말이다. 그녀에게 있어 일은 결혼을 위한 도구에 불과했다. 그녀의 전문적인 능력이 남자를 선택한 순간 묻혀버린다는 것이 못내 아쉬웠지만 전업주부로서의 삶이 즐겁고 행복하다면 그것으로 그만일 것이다.

토니 블레어 전 영국 총리의 부인 셰리 블레어 여사는 남편이 최고의 위치에 오른 것과 상관없이 자신의 변호사 일을 계속 유지했다. 그런 외유내강의 셰리 여사가 당당하고 멋져 보였는데 그녀에게서는 보편적인 영부인의 이미지(중전마마처럼 머리에 볼륨감을 준 스타일)와 다른 포스가 느껴졌다. 자신의 삶을 주도적으로 이끄는 여성들에게선 당당함이 풍긴다.

한국의 리즈 테일러로 불릴 정도로 미모를 자랑하던 여배우 김지미 씨는 1960~70년대 영화사에 큰 획을 그은 당대 최고의 여배우였다. 수많은 남성들로부터 매력적인 여자로서 인기를 끌었던 그녀는 올해 나이 71세로 네 번 결혼하고 네 번 이혼했다. 그런 그녀가 일간지와의 인터뷰에서 자신의 남성관을 밝혔다. 그녀의 오랜 연륜에서 나온 남자의 정의!

"살아보니 대단한 남자 없더라. 남자는 항상 부족하고 불안한 존재다."

그녀는 긴 세월 동안 얼마나 많은 남성 탐구를 했겠는가. 그리고 그녀가 여성들에게 던지는 말은 더욱 의미심장하다.

"남자에게 의존하지 말고 여자 스스로 일해서 벌어먹고 살아라."

자신의 삶을 주도적으로 이끈 그녀가 참 매력적으로 보였다. 그녀에 겐 자신의 일, 즉 연기가 있었기에 남자에게 구속받는 삶을 살지 않고 당당할 수 있었다.

진부한 소설 소재 같지만, 여성으로서 좋은 외모와 성품, 학벌, 재능을 가졌더라도 남자를 잘못 만나면 평생 불행한 삶을 살기도 한다. 따라서 행복한 여성의 삶을 원한다면 자신이 즐길 수 있는 일이 필요하다. 자기만이 빠질 수 있는 일의 공간을 만들어 두자. 때때로 사랑과 결혼이라는 현실에서 벗어나고 싶을 때 좋은 은신처가 되기 때문이다. 자신의 직업을 단순히 돈을 벌기 위한 도구라고 생각하고 마지못해 일을 하는 것은 바람직하지 않다. 자신의 일을 즐기고 열정을 다해 일한다면 매력 있는 여자의 이미지를 구축할 수밖에 없다.

자신의 일(업무)을 즐길 수 없다면 그 일은 자신에게 맞지 않을 수 있다. 일에 열정을 가지기 위해서는 자신이 좋아하는 일을 찾아야 한다. 지금 하는 일에서 보람이나 성취감을 느낄 수 없다면 즐길 수 있는 다른 일을 찾아야 한다.

일 잘하는 여자가 진정 매력 있는 여자다. 이는 전업주부도 예외가 아닌데 육아와 가사일을 잘하면 충분히 매력 있는 여자이다. 주부로서 음식의 간도 제대로 못 맞추고 청소도 안 해 집 안이 엉망이면 정말 매력 없는 여자다.

아무리 타고난 외모와 패션 감각을 갖추어도 일의 소중함을 알지 못하거나 자신의 일을 제대로 못하거나 안 하는 여자는 정말 매력 없다. 일을 못하는 여성은 끝없는 노력으로 자신을 성장시켜야 한다. 그런데 일을 안 하는 게으른 여자의 매력은 답이 없다.

끊임없는 자기계발로 열정을 키워라

외적인 매력도 중요하지만 그보다 긍정적이고 적극적인 내적 매력으로 미국에서 크게 성공한 여성도 있다. 〈SBS 스페셜〉의 '매력 DNA'에는 타고난 외모는 그저 그렇지만 후천적인 노력으로 매력 있는 사람이 될 수 있으며, 또 성공할 수 있다는 메시지를 담았다.

이 프로그램에 매력 있는 여자로 소개된 재미 교포, 진수 테리는 내적 이미지의 업그레이드로 매력지상주의자가 된 대표적인 인물이다. 그녀는 미국 사회에서 '미국의 아시안 지도자 11인'에 오를 정도로 유명 인사이다. 그런 그녀가 과거에는 정말 매력이 없는 여자로 7년간 열심히 일했던 직장에서도 해고를 당했다. 해고 이유는 동료들이 '그녀와 함께 일하고 싶지 않다'는 것이었다.

그녀는 해고 소식을 처음 들었을 때 자신의 눈이 작아서, 영어 발음이 좋지 않아서 회사에서 차별대우를 하는 것이라고 생각했다. 그녀는 상사로부터 자신이 '재미도 없고 딱딱하고 무섭다'는 말을 듣고 깜짝 놀랐다. 한국인의 정서로는 그저 열심히 일만 하면 인정받는 줄 알았던 것이다. 그러나 해고 이유를 알게 된 후부터 매력 있는 사람이 되기 위해 자신을 변화시켜 나가기로 결심했다.

〈SBS 스페셜〉 제작팀이 펴낸 책 〈매력 DNA〉에서 그녀와 인터뷰한 내용을 보면 그녀가 매력적인 사람이 되기 위해 얼마나 노력했는지 알 수 있다.

"그때부터 진수 씨는 자신을 바꾸기로 마음먹었다. 이제 남들이 좋아하는 사람, 즐거운 사람으로 바뀌어야겠다고 생각하면서 실제로 변하기 시작했다. 미국에서 살아남기 위해 어떻게 웃고 어떻게 대화해야 하는지 모든 수단과 방법을 동원해 열심히 배웠다. 표정과 말투, 대화법을 바꾸면서부터 점점 더 많은 사람들이 진수 씨를 좋아하기 시작했고, 어느새 그녀는 매력적인 사람으로 불리고 있었다."

그녀는 미국인들에게 매력적인 사람으로 어필하기 위해 그들의 대인관계 문화를 벤치마킹하고 받아들이기 시작했다. 그리고 적극적으로 자기를 표현하는 습관을 길러 그들과 소통하기 시작했다. 진수 씨의 매력 버전! 그녀의 내면적 의지와 열정이 얼마나 놀라운가.

그런데 나는 그녀의 자기계발 과정에서 내면적 매력에 치우치는 면을 발견했다. 밝은 표정과 활기찬 걸음걸이, 열정 넘치는 제스처까지는 좋았다. 하지만 그녀의 외적 이미지인 패션, 헤어스타일, 메이크업 테크닉이 못내 아쉬웠다. TV 화면에 비친 진수 테리의 외모(시각적 이미지)는 그 자체만을 평가한다면 동양의 전형적인 중년 여성이다.

나는 여기서 진수 테리의 외모에 매력의 잣대를 들이대는 것이 아니다. 매력지수 차원에서 말하려는 것이다. 부디 오해 없길 바란다. 다만 신체적 한계를 지니고 있을지라도 패션, 헤어, 메이크업으로도 얼마든지 매력지수를 높일 수 있다는 것을 강조하고 싶다. 내외적 매력을 동시에 추구하는 '매력지상주의 법칙'을 적용하기 때문이다.

진수 테리의 2% 부족한 이미지인 외적 매력 요소는 무엇일까. 그녀에겐 따뜻하고 선명한 색상Vivid Image(채도가 높은 컬러)이 잘 어울린다. 비비드 이미지의 메인 컬러는 노랑이 섞인('봄 사람' 컬러) 빨강, 주황, 노랑, 초록, 보라의 따뜻한 원색이다.

그녀가 TV에서 보여주는 블랙 앤 화이트 컬러는 그녀의 작은 키와 어울리지 않았다. 그럴 때는 블랙의 일자바지에 빨강 또는 초록색 재킷을 받쳐 입는 코디네이션이 최상이다. 그런 컬러 코디네이션은 에너지 넘치는 그녀의 캐릭터와도 잘 맞아떨어진다. 원색 계열의 컬러가 뚱뚱한 체형을 더 뚱뚱하게 보이게 할 것 같지만 천만에! 컬러의 '두드러짐 효과'로 인해 날씬해 보인다. 단, 어떤 스타일로 입느냐가 관건인데 베이식한 재킷 스타일이 좋다.

그녀의 헤어도 내면의 열정적 이미지와 조화를 이루지 못했다. 긴 생머리 스타일이 목 부분에서 답답해 보였다. 앞머리는 엇비슷하게 내려 얼굴을 작게 보이게 하고 귀 뒤로 넘기는 스타일(일명 '아나운서 헤어 스타일')이 베스트다. 이 스타일은 그녀의 얼굴형과 체형에도 잘 어울릴

뿐만 아니라 그녀의 열정과도 조화를 이룬다.

메이크업 또한 흐릿한 눈 화장으로 자칫 지루해 보일 뿐만 아니라 그녀의 내적 에너지를 전달하지 못한다. 흑갈색의 아이라인으로 눈매를 선명하게 하고 마스카라로 속눈썹을 강조하면 그녀의 웃는 눈매가 더욱 돋보일 것이다. 눈썹의 형태도 눈썹산을 좀 더 바깥쪽으로 그려주면 한결 시원한 인상을 준다. 포인트 메이크업인 입술 화장 역시 와인색 계열의 립스틱이 50대 중반 여성의 건강한 매력을 표현해준다. 진수 테리의 외모 중에서 가장 매력적인 요소는 그녀의 열정적인 내면을 고스란히 담은 표정에 있다. 그녀의 얼굴에는 미소가 절절 배어 있다. 그녀의 눈매는 웃음기로 늘 가득해 이렇게 속삭이는 것 같다.

'저는 너무너무 즐겁고 행복해요!'

그녀의 표정은 매력 만점이다. 과거 무표정한 얼굴을 했을 때 동료들이 다가오기는커녕 무섭다는 평가를 받았던 그녀가 표정의 달인이 되었다니! 그녀의 치열한 내공이 빚어낸 결과이리라.

그녀의 매력을 더욱 빛나게 하는 것은 액티브한 보디랭귀지이다. 비록 키가 작지만 빠른 걸음걸이는 성공하는 사람들의 공통적인 요소이기도 하다. 그녀가 비즈니스 상대와 대화할 때 마치 춤을 추는 듯한 몸짓으로 소통하는 장면은 무척 인상 깊었다. 그녀는 강의할 때 손 제스처를 현란하게 사용하는데 잘 관리된 네일은 깔끔한 매력을 풍겼다. 그녀처럼 수수한 얼굴과 통통한 체형을 가진 여성 프레젠터의 매니큐어는 청중의 집중을 유도하는 매력 기제가 될 수도 있다.

그녀의 극적인 변화를 통해 내적인 자기계발은 열정을 낳는다는 사실 또한 알게 해주었다.

당신 안에도 얼마나 많은 내외적 매력 DNA가 내재되어 있는지 아는가. 매력은 타고나는 것보다 후천적으로 만들어진다는 것을 다시 한번 깨달아야 한다. 이제부터라도 당신의 매력 DNA를 발견하고 밖으로 끌어내보자. 반드시 매력 있는 여자가 될 수 있다.

매력은
자신감이다

자신감은 열린 마음, 즉 긍정적이고 적극적인 마인드다. 내적으로 자신감이 있는 여성에게서는 당당한 매력이 느껴진다. 외모가 탁월하게 뛰어나다고 자신감이 생기는 것은 아니다. 자신감은 스스로 노력해서 성취했을 때 자라난다. 자신감은 유동적이다. 과거에 자신감이 있었다고 해서 오늘도 그렇다고 할 수 없다. 어렸을 때는 공부를 잘하고 예쁜 얼굴로 자신감이 있었더라도 현재는 외모 콤플렉스로, 별 볼일 없는 스펙으로 자신감이 없어지기도 한다. 따라서 자신감은 내외적 이미지를 끊임없이 개발하고 키워야 형성되는 기제다. 자신감 넘치는 여성은 표정이 밝다. 목소리도 탁 트였으며 대화를 할 때도 열린 제스처를 사용한다. 즉, 소통이 잘되는 여성이다. 반면 닫힌 마인드를 가진

매력이란 무엇인가?

여성은 매력이 없다. 자신감은 자신을 사랑하는 것에서 출발하여 남을 사랑하는 여유로움도 준다. 가끔씩 원인도 모르게 위축될 때는 허리를 곧게 세우고 어깨를 쭉 펴라. 그리고 활기차게 걸어보면 자기도 모르게 자신감이 생길 것이다.

내공으로 자신감을 찾은 현정은 회장

내가 현정은 회장을 처음 만난 것은 그녀의 남편인 고 정몽헌 회장(현대그룹)이 사망하고 얼마 되지 않았을 때였다. 평범한 주부의 길을 걸어 왔던 그녀가 갑작스럽게 경영 일선에 뛰어들었다. 나는 그녀와 만나기 전 비서실에 그녀의 활동사진 및 동영상 자료를 요청했다. 말 그대로 '사전 이미지Before Image 분석' 작업에 들어갔다. 현정은 회장의 패션, 인터뷰나 연단에서 프레젠테이션을 하는 모습, 회의하는 모습, 임원들과 악수하는 모습 등을 확인하기 위해서였다. 그녀는 그때까지만 해도 보수적인 재벌가 며느리로서의 겸손한 이미지, 가정주부로서의 푸근한 이미지가 몸에 배어 있었다. 그녀의 사전 이미지 분석 결과는 세 가지 PI 요소에 초점을 맞추는 것이었다.

첫째, '자세' 이미지다. 카리스마는 자세에서 나온다. 그런데 대그룹 회장인 그녀의 포스는 옆집 아줌마와 다름없는 느낌이었다. 구부정한 어깨, 제스처 없는 연설, 종종걸음이 그랬다. 그녀의 일상이 여느 주부처럼 아이를 키우고 가사를 돌보는 것이었기에 만들어진 자세였다.

둘째, '인사' 이미지다. 그녀의 아랫사람인 사장단과 인사를 할 때 그녀가 사장이고 아랫사람이 회장 같은 분위기였다. 회장인 그녀가 그들보다 허리를 더 숙이는 것이었다. 그동안의, 대기업 총수 아내라는 겸손한 태도에서 벗어나지 못했다.

셋째, '악수' 이미지다. 그녀는 임원들과 악수할 때 너무나 겸손한 태도를 보였다. 오른손으로 악수를 하는데, 왼손을 오른손에 받치는 모습에서 그녀가 얼마나 조용한 내조자의 역할을 해왔는지 가늠케 했다.

그녀와 직접 대면하던 날, 그녀의 첫인상은 사진과 별반 다르지 않았다. 현대가 며느리들이 공통적으로 갖는 현모양처의 이미지가 물씬 풍겼다. 나는 그녀가 내 연구소로 들어올 때 참지 못하고 곧바로 물었다.

"회장님, 왜 그렇게 종종걸음으로 걸으세요?"

"그게, 우리 남편이 걸음이 워낙 빨랐어요. 나는 보폭이 작으니까 같이 걸을 때 보조를 맞추려면 종종걸음으로 걸어야 했어요."

그녀의 몸짓에는 비록 이 세상 사람이 아니지만 오랜 세월을 함께한 남편의 잔재가 묻어났다. 나는 순간 마음이 짠해졌다.

"이제는 회장님이시니 회장님다운 걸음걸이를 걸으셔야 합니다."

먼저, 그녀의 구부정해진 어깨를 펴는 자세 교정부터 들어갔다. 그리고 여성 총수로서의 적절한 보폭과 걸음걸이의 속도, 인사법, 악수법도 반복적으로 스킬 업했다. 인터뷰나 연설을 할 때의 제스처까지 제안했을 때 그녀는 의연한 태도로 코칭에 임했다.

그리고 얼마 지나지 않아 내게 그녀를 소개해준 분으로부터 반가운 피드백을 전해 들었다. 그녀가 인사와 악수하는 법을 확실히 몸에 익힐 수 있어서 도움이 되었다는 것이다.

지난 2007년 10월 남북정상회담이 열렸을 때, 그녀는 특별수행원 자격으로 평양을 방문했다. 그때 나는 TV를 통해 그녀가 대기업 총수로서의 이미지 구축에 성공한 모습을 확인할 수 있었다. 머리끝부터 발끝까지 글로벌 여성 기업인의 이미지가 묻어났다.

여기서 잠깐, 그녀와 동행한 김장수 국회의원(전 국방부 장관 역임)의 얘기를 하고 싶다. 당시 그는 김정일 국방위원장에게 고개를 숙이지 않고 악수하여 '꼿꼿 장수'라 불렸다. 모두 김정일 위원장에게 허리를 숙이고 악수했지만 유독 그만 꼿꼿한 자세로 악수를 했으니 김 위원장의 심기가 불편했으리라. 그때 카메라는 김 위원장의 굳은 표정을 재빨리 포착했다. 반대로 그의 옆에 서 있던 안전기획부 모 부장은 허리를 깊이 숙이며 지나치게 겸손한 태도로 악수하여 두 사람이 극명한 대조를 이루었다(김장수 의원의 꼿꼿한 악수는 우리 국민들로부터 칭찬 받을 만했다). 바로 그들 옆에 서 있던 현 회장의 악수는 너무나 멋졌다. 김정일 위원장이 그녀 앞으로 다가와 손을 내밀자 당당하고 꼿꼿한 자세로 악수를 받았다. 물론 그녀의 악수는 김장수 의원의 남성적인 악수와는 다른 느낌으로 고개를 살짝 끄덕이며 악수하는 모습에서 여성스러움과 세련됨이 묻어났다. 사람들은 현 회장의 꼿꼿한 악수 모습에는 관심을 두지 않았다. 그녀와 악수한 김정일 위원장의 표정 또한 변하지 않았다. 현 회장이 우선 여성이라는 사실과 경제계의 대표자로서의 특별수행원이기에 정치적 시각으로 보지 않았기 때문이다. 나는 그런 그녀를 '꼿꼿 여총수'의 매력 리더십을 갖춘 여성이라고 부르고 싶다.

나는 그때 TV에서 현정은 회장이 당당하면서도 우아하게 악수하는 장면을 보고 말할 수 없이 보람을 느꼈다. 그녀가 매우 짧은 기간에 가정주부의 이미지를 탈피하고 그룹 회장의 카리스마 이미지를 구축하는 데 성공했기 때문이다. 대기업 총수로서 자기 이미지에 만족할 법도 한데 전문가의 코칭을 받아들여 일상에서 적용해내는 그녀의 긍정적이고 적극적인 마인드에 존경심마저 느껴졌다.

현정은 회장은 전형적인 외유내강형이다. 그녀는 푸근한 가정주부에서 하루아침에 그룹 회장의 역할을 맡아 치열한 경영권 분쟁까지도 겪었다. 사실 사람들은 남편의 뒤를 이어 대기업을 이끌어갈 그녀의 리더십을 우려했지만 그녀는 재계에서 자신의 입지를 굳히는 데 성공했다.

그녀의 매력 리더십의 원천은 무엇일까. 그녀의 경영자적인 자질은 과거 명문 여중과 여고를 다닐 때 천재 소녀로 불릴 정도로 내재된 내

공에서 비롯된 것이 아닐까. 그녀의 매력은 내적 자신감의 다른 이름이라는 것을 알게 해주었다.

사회적 성취가 자신감을 높인다

대부분의 여성은 자신의 외모가 만족스러우면 자신감이 생긴다. 그러나 외모가 받쳐주지 않아도 직업의 한 분야에서 인정받게 되면 외모가 만족스러운 것 못지않은 자신감을 갖게 된다. 직업에 대한 자기 성취감은 외모 콤플렉스까지도 극복하게 만든다.

우리의 자랑스러운 여자 역도 선수 장미란은 올림픽에서 세계 신기록을 세우기 전까지는 외모 콤플렉스에 시달렸지만 금메달을 따고 나서는 외모 콤플렉스에서 벗어날 수 있었다고 고백했다.

"예전에는 나의 외모가 부모님의 안 좋은 체형만 전부 닮은 것 같아서 불만이었어요. 하지만 이제는 그렇게 생각하지 않아요. 부모님의 좋은 신체 조건을 닮았다고 생각하니 외모 콤플렉스가 없어졌어요."

그녀가 그토록 싫어했던 체형이었기에 역도 금메달을 딸 수 있었다는 사실을 깨달았던 것이다. 모든 게 생각하기 나름이라는 말처럼 자신의 외모를 어떻게 생각하느냐에 따라 절대 긍정으로 받아들일 수 있다.

박세리 또한 골프 스타가 되기 전까지는 외모 콤플렉스가 있었다.

그녀는 자신의 굵고 못생긴 다리가 늘 불만스러웠다. 카메라가 그린 위의 골프공을 따라 클로즈업할 때마다 그녀의 다리는 TV 화면에 꽉 차 보였다. 정말이지 자신의 다리는 다른 외국 선수들의 가늘고 긴 다리와는 너무나 대조적이었다. 그러나 그녀 아버지의 칭찬과 위로의 한마디가 그녀의 생각을 바꾸게 했다.

"세리야, 너의 다리는 미스코리아 다리보다 더 예뻐!"

그 다리가 있기에 골프를 잘 칠 수 있으니 분명 예쁜 다리임에는 틀림없다. 그녀는 더 이상 다리에 대한 콤플렉스를 갖지 않고 오히려 그 튼실한 다리를 자랑스러워하게 되었다. 자신의 다리가 결코 변화될 수 없다는 사실을 간파하고, 굵고 튼튼한 다리로 인해 세계적인 골프 스타가 되었으니 말이다.

피나는 노력 끝에 골프 스타가 되자 그녀의 삶은 그야말로 드라마틱하게 바뀌었다. 그녀는 앙드레 김 패션쇼의 모델로 무대 위에 서는 기회를 얻기도 했다. 그녀가 모든 악조건을 뛰어넘고 누구나 로망하는 앙드레 김 특유의 우아한 웨딩드레스를 입고 꿈의 무대에 설 수 있었던 것은 오로지 골프 스타라는 이유 때문이었다. 그녀가 그 예쁘다는 김희선과 같은 무대에 섰다는 것은 무엇을 의미할까. 진정 매력 있는 여자의 조건을 다시 한번 생각해보는 계기를 만들어주었다. 외모와 상관없이 골프 스타라는 자체로 외모가 가장 아름다운 여자와 동격이 된 것이다. 물론 앙드레 김의 스타일(우아한 웨딩드레스, 헤어, 메이크업)

매력이란 무엇인가?

은 박세리의 이미지와는 동떨어져 있다. 하지만 그녀의 골프야말로 그녀를 아름다운 외모의 여성들과 같은 반열에 서게 해준 기제라는 것에 주목하자. 골프가 그녀를 매력 있는 여자로 만들어준 것이다.

이후 그녀의 외모는 더욱 매력적으로 변했고 자신감도 넘쳐 보였다. 그녀는 밝은 표정과 세련된 화장법, 당당한 태도, 여유로운 인터뷰 스킬까지 세계적인 골프 스타답게 자신만의 매력을 키워 나갔다.

지혜로운 여성이라면 그녀의 굵은 다리처럼 변화할 수 없는 외모에 집착하기보다 변화할 수 있는 다른 매력들을 개발해야 한다. 내적인 스펙과 실력이야말로 자신의 의지로 변화시킬 수 있는 매력이다. 내적인 자신감은 외적인 매력으로 뿜어져 나온다.

여자 골프의 지존이라 불리는 신지애는 말 그대로 매력 덩어리다. 그녀는 작은 눈과 작은 키로, 타고난 외모로만 평가한다면 낮은 매력 지수의 그룹에 속한다. 하지만 그녀는 날이 갈수록 사람들의 마음을 끄는 여자로 변해갔다. 때로는 그린 위에서 어색한 몸짓을 연출하기도 하지만 그녀는 스스로 자신의 매력을 만들어 간다.

그녀의 매력 포인트는 미소다. 그녀가 미소 지을 때 작은 눈은 더욱 작아져 눈동자가 보이지 않지만 그 표정은 한없이 귀엽고 사랑스럽다. 그녀의 웃는 얼굴은 매력 트레이드마크가 되었다. 그녀는 홀을 살짝 비켜난 골프공을 바라보며 아쉬운 미소를 날리는 것만으로도 사람들의 기분을 좋게 한다. 다른 선수들처럼 입을 삐죽이거나 미간을 찌푸리는 것과는 대조적이다. 경기 중에 날리는 그녀의 미소는 부드럽고 가볍지만 그 파워는 강력하다. 그녀의 여유 있는 미소는 가뜩이나 긴장한 상대 선수를 기죽게 한다. 그녀의 미소가 심리전에서 상대를 제압하기 때문이다.

그녀는 외적 매력을 업그레이드하는 데도 적극적이다. 사실 골프 선수의 외모는 피겨스케이팅 선수처럼 점수를 올리는 것과는 무관하다. 그럼에도 그녀는 한 여성으로서, 세계 골프 무대에서 여자선수로서 갖추어야 할 매력의 중요성을 잘 알고 있는 듯하다. 세계적인 프로 선수답게 이 시대에 부응하는 매력지상주의의 가치를 간파한 듯했다. 언제부턴가 경기 때마다 점점 날씬해진 모습을 보여주더니 최근에는 날렵한 몸매로 더욱 매력을 발산하고 있다.

그녀의 매력 개발 의지는 과감한 연출에서도 드러났다. TV에 출연할 때, 그녀가 입은 슈트는 다소 어설퍼 보이기는 했지만 대중을 의식하는 마인드는 칭찬해주고 싶었다. 그녀는 제스처도 개발하는 센스를 보여줬다. 지금까지는 공이 홀에 들어가면 주먹을 꽉 쥐고 위에서 아래로 내려치는 평범한 제스처를 취했지만 최근에 있었던 'KLPGA' 챔피언십 경기에서는 업그레이드된 제스처를 보여주었다. 공을 홀에 넣을 때마다 양팔을 옆으로 활짝 벌리고 손바닥을 위로 향한 채 갤러리들에게 화답했다. 그 몸짓은 세계무대에서나 볼 수 있는 글로벌 제스처였다.

매력이란 무엇인가?

그녀의 매력은 긍정적이고 적극적인 마인드에 있다. 자신의 외적 이미지 연출에도 변화를 두려워하지 않는다. 필요를 느끼면 곧바로 실천으로 옮기는 그녀의 기질을 높이 평가하고 싶다.

그녀의 과감한 성향은 골프 경기 중에도 잘 드러난다. 웬만한 남자 골프 지존이나 노장들도 마지막 홀 경기에서는 심리적으로 흔들리는데 신지애는 변함없는 배짱으로 항상 의연하게 경기에 임한다.

그녀는 골프 버전을 높이는 스펙 쌓기 외에도 매력 버전을 높이기 위해 애쓰는 사랑스러운 여자다. 그녀의 가장 빛나는 매력은 뭐니 뭐니 해도 남을 돕는 선행이 아닐까. 그녀는 받은 만큼 베풀 줄 아는 따뜻한 마음씨를 가졌다. 그녀가 어린 나이에 겪은 고난이 남을 돌아볼 줄 아는 마음을 갖게 했다고 한다. 그 결과 기부천사라는 별명을 얻었으며 'KLPGA' 우승 상금 1억4000만 원 전액 기부는 그녀의 과감한 '퍼팅 샷'만큼이나 시원했다.

한 여성의 매력은 소멸되기도 하고 유지되기도 하는데 그녀의 매력 생명력은 오랫동안 지속될 것이다. 그녀는 현대 여성에게 가장 매력 있는 여자의 롤 모델이 되기에 충분하다. 주변을 돌아보고 살필 줄 아는 선행이야말로 매력 중의 매력이니까. 당신 또한 당신이 속해 있는 분야에서 사람들로부터 인정을 받게 되면 충분히 매력 있는 여자로 거듭날 수 있다. 변화될 수 없는 외모에 집착하기보다 자아 성취로 남들과 다른 자신만의 매력을 찾아보자.

내면에 있는 자신감 DNA를 찾아라

내가 고객정보 카드를 들고 컨설팅룸으로 들어서자 N씨는 열심히 매력지수를 체크하고 있었다. 그녀는 키 151cm에 35kg의 왜소한 체격의 소유자였다. 얼굴이 작아 보이게 하고 싶었는지 앞머리를 단발로 잘라 이마를 덮었고 뒷머리는 단정하게 커트 스타일을 하고 있었다. 외겹인 긴 눈과 각진 얼굴형이 왜소한 체형과 균형이 맞지 않는 듯했다. 그녀의 얼굴은 동양의 개성파 슈퍼모델과 비슷한 느낌이었다. 내가 그녀에게 얼굴이 슈퍼모델의 체형과 조화를 이룰 것 같다고 말하자 그녀가 고개를 끄덕이며 공감했다. 주위 사람들로부터 얼굴 생김새와 체형이 언밸런스하다는 말을 가끔 듣는다고 했다. 그녀의 눈빛은 의욕을 잃은 듯 생기가 없어 보였다. 나는 그녀의 외적 매력을 애써 찾아보았다. 바로 그 순간 창백해 보일 정도로 흰 피부가 눈에 들어왔다.

나는 그녀에게 이미지컨설팅을 받게 된 동기에 대해 물었고 그녀가 외모 콤플렉스로 우울증에 빠졌다는 사실을 알게 되었다. 그녀는 지방 도시에서 태어나 어릴 때부터 공부를 잘했다. 음악, 미술 등 예술 감각도 탁월했으며 고등학교를 수석으로 입학하고 졸업했다. 고등학교 때까지는 활기차고 자신감이 넘쳐 학교에서 리더로 활동했다. 그런데 서울의 모 대학 신문방송학과에 들어가서는 상황이 완전히 달라졌다. 그녀는 신입생 오리엔테이션 날부터 왠지 위축되는 기분이 들었고 같은 과 남학생들과 어울리는 것도 부자연스러웠다. 이성에 대한 불편함은

매력이란 무엇인가?

자신이 여자 중고등학교를 다녔기 때문이라고 스스로 위로했다. 하지만 대학생활 1년이 지나도 남학생들이 적극적으로 말을 걸어오지 않았다.

고등학교 때까지는 공부를 잘하는 것만으로도 최고의 대접(?)을 받았지만 대학에서는 비슷한 스펙의 여학생들이 키도 크고 얼굴도 예쁘고 옷도 세련되게 입고 다녔다. 학교에서 자꾸만 아웃사이더가 되는 기분을 떨칠 수가 없었다. 학기 초부터 결코 예쁘지 않은 얼굴과 왜소한 체형 때문에 점점 우울해지고 공부도 하기 싫어졌다. 지난 겨울방학에는 무력감에 빠져 외출은커녕 하루 종일 컴퓨터 앞에서만 시간을 보냈다. 그녀의 어머니도 딸의 달라진 태도에 적이 당황스러웠다. 딸이 고등학교 때까지는 다재다능하여 학부형이나 주변 사람들로부터 부러움을 샀는데 대학에 들어간 이후 돌변하여 속이 탔다.

그녀는 겨울방학이 끝나갈 무렵, 자신을 무력하게 만드는 외모 콤플렉스에서 벗어나고 싶어서 연구소의 문을 두드렸다. 나는 지혜로운 선택을 한 그녀를 칭찬해주었다. 그러한 무력감에서 벗어나기 위해 새로운 시도를 했다는 사실만으로도 남달라 보였다. 나는 그녀에게 긍정적인 마인드를 높이 평가하며 내면에 커리어우먼으로 성공할 만한 매력 DNA가 존재한다고 말했더니 그녀의 안색이 한층 밝아졌다.

그녀의 외적 매력지수를 체크한 결과 예상대로 매우 저조하게 나타났다. 그런데다 내적 매력지수까지 저조하게 나타난 점이 안타까웠다.

그녀가 고등학생 때 내적 매력지수를 체크했다면 분명히 높게 진단되었을 것이다. 그 시기는 오로지 학교 성적만이 매력의 척도이고 공부를 잘한다는 것 하나만으로도 자신감을 갖기에 충분하니까.

나는 다시 한번 왜 이렇게 많은 사람들이 외모에 집착하고 이처럼 한 여대생을 무력하게 만드는지 생각해보았다. 바로 외모지상주의 때문이었다. 나는 그녀가 가진 매력 DNA를 발견하여 작은 자신감부터 불을 지펴주고 싶었다. 가장 먼저, 그녀의 대접을 엎어놓은 듯한 머리 스타일부터 바꾸어야 했다. 나는 그녀에게 생동감이 느껴지도록 머리에 층을 많이 내는 새기커트를 제안했다. 이 스타일은 그녀의 왜소한 체형을 사랑스럽고 발랄하게 연출시켜주기에 적절했다. 새기커트 스타일과 긴 눈의 개성을 살린 메이크업을 한 그녀의 모습은 한결 산뜻하고 귀여워 보였다. 메이크업과 헤어의 즉각적인 변화로 표정이 한결 밝아졌다. 그녀는 거울에 비친 자신을 얼굴을 보며 "저 맞아요?" 하면서 만족해했고 연구소 스태프들에게 환한 미소를 보냈다. 우리는 카메라를 들고 매력적으로 변한 그녀의 얼굴을 여러 각도에서 찍었다.

이제 그녀의 왜소한 체형을 어떻게 연출해야 만족할 수 있을지 고민이 되었다. 그녀는 키가 작았지만 다행히 신체의 비율이 괜찮았다. 나는 그녀에게 외모에 대한 자신감을 불어넣어 주기 위해 한 가지 제안을 냈다(자신의 왜소한 체형을 받아들이기 위한 처방이 필요했다). 그녀의 집에서 메이크업을 하고 예쁜 비키니 수영복을 입고 멋지게 포즈를 취해 전신사진을 찍을 것을 권유했다. 그 사진과 여러 각도에서 찍은 자신의 얼굴 사진들을 책상 위와 냉장고 등에 붙여놓는 것이다. 누구나 자신의 예쁜 모습을 보다 보면 외모에 자신감이 생기기 마련이니까. 그러면 외모로 인한 우울증에서 벗어날 수 있다.

그 다음은 그녀의 목소리가 문제였다. 모기처럼 작고 가는 목소리는 밋밋했고 작은 체형을 더욱 왜소하게 만들었다. 목소리는 외모와 달리 시간과 노력이 필요하다. 활기차고 자신감 있는 목소리를 위하여 매일 정해진 시간에 기초 발성 훈련과 읽기 연습을 병행하면 매력적인 목소리를 얼마든지 낼 수 있다. 나는 그녀의 스피치 훈련을 위해 두 가지를 제안했다. 1년 후 아나운서 시험을 치른다고 생각하고 발성 및 발음 연습을 철저히 하는 것과 가능한 한 친구들을 만나 대화하고 동아리 활동에도 적극적으로 참여하는 것이다. 그러고 나서 1년 후, 그녀는 어떻게 변했을까. 그녀의 외모는 한결 세련됐고 목소리도 커졌으며 무엇보다 자신감이 느껴졌다.

우리는 그녀를 통해 매력은 타고난 외모보다는 자신을 발견하고 개발하여 얻어지는 것이라는 사실을 알 수 있다. 우리 주변을 살펴보면 그녀처럼 외모 때문에 자신감을 잃고 살아가는 여성들이 의외로 많은 것 같다. 만약 그녀처럼 외모 때문에 우울하다면 자신의 개성을 방치하고 평생 매력과 담 쌓고 살지 말라고 말하고 싶다. 어떠한 외모의 소유자라도 매력 DNA를 개발하면 매력 있는 여성이 될 수 있다고 말이다.

매력은
진정성이다

진 정성은 개인의 성품과 신뢰를 결정짓는 중요한 잣대다. 진정성이 없는 가식적인 연출은 매력이 아니다. 의식은 긍정적인 의미이고 가식은 부정적인 의미로 그 둘은 매우 다르다. 진정성이 없는 가식적인 만남이 오래가지 않듯이 진정성이 없는 여성의 매력 또한 수명이 짧다. 아무리 매력적인 외모의 소유자라도 말과 행동이 일치하지 않으면 매력은 사라지고 만다. 신뢰를 잃으면 모든 것을 잃게 된다는 말처럼 진정성이 없는 인간관계는 두절되고 만다. 비즈니스에서도 진정성이 없으면 지속적인 관계로 이어지지 않는다. 진정성은 모든 대인관계와 비즈니스에서 기본이 되는 매력으로, 누구나 매일매일 내면의 거울을 들여다보며 진정성을 체크해야 할 것이다.

매력이란 무엇인가?

진정 매력 있는 여성 CEO, 김성주 회장

성주D&D의 김성주 회장은 국내 패션유통 전문 사업가로 유명한 인물이다. 몇 년 전에는 독일의 패션 브랜드 MCM을 인수하여 성공신화를 이루고 있다. 그녀는 2004년 아시아 〈월스트리트저널AWSJ〉에서 주목할 만한 세계 여성 기업인 50명에 선정될 만큼 해외에서 지명도가 더 높다. 국내 한 민간기관에서의 설문 조사 결과 최고경영자CEO 부문에서 '우리 시대 가장 신뢰받는 리더'로 뽑힐 정도로 그녀는 이중장부 하나 없이 정확하고 투명한 경영을 추구해왔다. 나는 그녀와 친분은 없지만 공식적인 장소에서 몇 번 마주친 적은 있다. 볼 때마다 같은 여성이지만 참 배울 게 많고 존경스러웠다. 언론에 노출된 그녀의 경영 철학을 보면 처음부터 끝까지 여성 특유의 감성으로 차근차근 기업을 일궈낸 흔적이 역력하다.

그녀의 매력 중의 매력은 노블레스 오블리주를 실천하는 CEO라는 점이다. 미래에 그녀는 전 재산을 사회에 환원하겠다고 공표함으로써 남을 위해 돈을 버는 사람이란 인식을 심어주었다. 현재는 연 수입의 30%를 사회에 기부하는 등 '가치 있게 돈 잘 쓰는 기업인'이란 평가를 받을 정도로 북한 동포와 소외계층의 후원에 적극적이다. 이에 상응하는 그녀의 고객 마케팅 전략은 단순 명쾌하다.

"광고는 단기적 전략일 뿐이다. 여성을 위해 일한다는 것이 결국은 고객의 충성을 얻는 가장 확실한 방법일 것이다. 우리(여성)를 위해 일하니, 우리 또한 너희 제품을 사서 키워줄 것이라는 이런 것이 바로 새롭고도 무한한 가치 창출이라고 생각한다."

원칙 경영에 의한 원칙 마케팅 철학을 잘 보여주는 대목이다. 그녀는 〈나는 한국의 아름다운 왕따이고 싶다〉라는 책을 통해 글로벌 기업인으로서 한국의 안과 밖을 심도 있게 통찰했다. 그녀는 한국에서 사업을 하면서 술, 봉투, 접대 문화로 인한 어려움을 토로하며 우리 사회의 어두운 면을 고발했다.

"정승처럼 벌어서 정승처럼 쓰자"라고 말한 김 회장을 통해 그녀야말로 진정성을 갖춘 여성 CEO임을 알 수 있다. 안과 밖이 같은 경영자 말이다. 그녀는 정의를 위해서라면 거침없는 발언을 하기로도 유명하다. 그녀는 화려한 언변과 경영성과로 수차례 정계 진출의 제의를 받았지만 단호히 거절했다.

"정치는 절대 안 할 생각이다. 자문위원 정도의 역할이 내게 적당하다. 내가 기업을 하는 것이 더 애국하는 길이다. 난 너무 솔직해 정치에 어울리지도 않는다."

그녀의 말은 정치인의 본질을 다시금 재조명하게 해준다. 나는 만약 그녀가 정치인이 된다면 흥미진진한 상황이 펼쳐지겠다는 상상을 해본다. 아울러 한국의 정치판에 그녀처럼 진정성을 갖춘 여성 정치인이 많아지기를 기원한다.

그녀는 대성그룹의 막내딸로 태어나 귀하게 자랐지만 유교적 정서가 깊게 배인 집안의 반대를 무릅쓰고 미국으로 건너가 공부했다. 그리고 뉴욕 백화점 말단사원으로 시작해 온갖 고생을 자처하며 패션 유통의 전문가로서의 기본실력을 닦았다. 그녀는 그 시절의 경험으로 자신의 경영 능력을 키웠다고 고백했다. 그런 그녀가 얼마 전, 전경련 세미나에서 한국의 상류층 여성들에게 일침을 놓아 화제가 되었다. 그리고 오늘날 여성이 일을 해야 하는 당위성을 강조했다.

"우리나라 상류층 딸, 며느리들이 아침부터 고급 식당에 가서 노닥거리면서 어디서 쇼핑을 하고 놀지만 생각하는 것을 보면 가슴을 치게 된다. 서구 여성들은 얼마나 부지런한지 우리나라 여성보다 10배는 더 일하고 있다. 여성들은 남자 탓, 사회 탓만 하지 말고 스스로 강인해져서 경제활동에 적극적으로 참여해야 한다. 21세기는 여성의 시대가 아니라 여성이 일하지 않으면 안 되는 시대다."

그녀는 변화의 주체가 여성일진대, 현실의 안이함만 좇는 한국 여성들이 정신이 번쩍 들 만한 폭탄선언을 날렸다.

"여자도 1년 정도는 군대를 가야 강인해진다! 이스라엘, 스웨덴의 여성을 보면 우리나라 여성보다 얼마나 강한지 모른다."

사실 그녀도 오늘은 어디 가서 무엇을 먹고, 어떻게 시간을 보낼까만 생각하는 일부 상류층 여성들처럼 살 수 있었다. 하지만 그녀는 그런 안일한 삶을 선택하는 대신 스스로의 힘을 믿었다.

그녀의 강렬한 내면세계는 외모에서도 여실히 드러난다. 그녀는

170cm가 넘는 키에 '겨울 사람'의 다이내믹한(8가지 이미지 중에서 '겨울 사람'의 쿨한 이미지보다 더욱 차갑고 강한) 이미지를 가졌다. 그녀는 자신만의 타고난 이미지를 바탕으로 강렬한 매력 리더십을 십분 발휘한 매력 만점의 여성 CEO다. 그녀의 매력은 외면의 표정, 패션, 메이크업, 헤어, 제스처, 목소리 그리고 내면의 강렬함과 뜨거운 열정까지 균형이 딱 맞아떨어지기에 더욱 매력적으로 다가온다.

그녀의 패션 감각은 패션 브랜드 CEO답게 완벽한 수준이다. 그녀의 패션 아이콘은 드라마틱 스타일이다. 패션 컬러는 블랙과 화이트를 주조색으로 하며 뚜렷한 색상대비로 여성성과 강렬함을 동시에 표현한다. 그녀는 주로 블랙 하의를 입곤 하는데 빨간색 재킷과 흰색 이너웨어로 연출하거나 굵은 스트라이프 셔츠나 셔링 디테일의 로맨틱한 블랙 블라우스로 우아함을 강조하는 식이다. 그녀의 스타일은 정장 범주에서 크게 벗어나지 않지만 액세서리나 과감한 코르사주 등으로 변화를 주어 정장의 단조로움에서 벗어난다.

그녀의 얼굴은 예쁘다는 느낌보다는 매력적이다. 다이내믹한 이미지의 그녀에게는 짙은 화장이 잘 어울린다. 눈 화장과 새빨간 립스틱을 연출함으로써 강해 보이는 광대뼈를 약화시키고 자신의 매력을 강화시키는 대표적 케이스다. 대부분의 여성에게 새빨간 립스틱은 화려해 보이기 십상인데 다이내믹 이미지를 가진 여성들에겐 매력적인 컬러로 적용될 수 있다.

그녀가 오랫동안 고수한 짧은 커트 머리는 이제 그녀의 트레이드마크가 됐다. 머리끝부터 발끝까지의 일관된 매력은 그녀의 퍼스널 아이덴티티와 잘 맞아떨어진다. 그녀의 매력은 그녀가 경영하는 패션 브랜드의 가치를 높여준다. 많은 여성이 MCM 백을 볼 때마다 그녀의 뚜렷한 매력 이미지를 떠올리는 것은 결코 우연이 아니다. 그녀의 이미지가 회사의 이미지요, 회사의 이미지가 그녀의 이미지가 된 것이다.

결국 그녀의 성공은 내외적으로 구축한 신뢰와 열정, 강렬함의 퍼스널 아이덴티티에 있다. 그녀는 진정 존경받을 만한, 그리고 내외적인 매력을 모두 갖춘 자랑스러운 한국의 여성 CEO다.

행복한 직장 여성을 위한 6가지 조언

현대 여성에게 직장생활은 삶의 질을 결정짓는 라이프스타일의 중요한 요소로 자리 잡아가고 있다. 직장생활은 여성의 사회 참여도를 높이고 자기계발을 가능하게 하는 장이다.

내가 K(39세)이사를 알게 된 것은 그녀의 회사에서 매년 진행하는 홍보 행사 때문이었다. 그녀는 국내 굴지의 화장품 업계에서 일한 지 17년이 되었는데 올해 초 최연소의 나이로 여성 임원이 되었다. 그녀는 학교를 졸업하고 회사에 입사할 때부터 마케팅 부서에서 근무했다. 처음에는 일이 많이 버거웠지만 능동적인 자세로 직장생활을 해왔다.

마케팅 업무가 점점 재미있었고 성과도 높일 수 있었다. 그러다 보니 부서에서 가장 빠른 승진을 했다. 그녀의 승진에 주변 사람들의 시기와 질투가 있을 법도 하지만 그녀는 같은 부서 사람들로부터 진심 어린 축하를 받았다. 그 비결을 궁금해 하는 내게 그녀는 여성 직장인의 진정성을 강조하며 행복한 직장생활을 위해 꼭 지켜야 할 태도에 대해 말해주었다.

첫째, 기본에 충실하라. 직장인으로서의 진정성은 성실과 근면 그리고 정직함에 있다. 10분 전에 출근하는 것은 기본이고 화장은 집에서 하고 나와라. 출근하자마자 화장하는 여성들은 정말 매너 없는 직장 여성이다. 점심식사 후에 메이크업을 수정하는 정도는 괜찮다.

특히 정직함은 업무와 관련하여 절대적으로 중요한 요소다. 근무 시간에는 회사일을 해야 하는데 잡다한 개인 업무를 보는 것은 철저히 배제해야 한다. 한 개인의 성품에서도 신뢰가 가장 중요한 덕목이듯 직장에서도 신뢰가 깨지면 모든 것을 잃게 된다. 직장인으로서 기본에 충실할 때 신뢰감이 싹트기 시작한다.

얼마 전에 인터넷에서 투잡Two Job족에 관한 기사를 읽은 적이 있다. 일부 직장인들이 업무 시간에 개인사업(인터넷 쇼핑몰 운영, 주식투자 등)을 한다는 것이다. 업무 시간에 아무도 모르게 투잡을 한다는 것은 진정성이 있다고 할 수 없다. 자신은 물론 남들에게도 떳떳하지 못한 것은 진정성이 없기 때문이다. 나는 그들에게 한 가지 일만 하라고 말

매력이란 무엇인가?

하고 싶다. 한 가지의 일만 해도 힘든 세상에 두 가지 일을 한다는 건 말이 안 된다. 그리고 고용주의 입장에서 업무 시간에 딴짓을 하는 직원에게 월급을 주고 싶겠는가. 진정한 직장인이라면 업무 시간에 사적인 일을 절대 하지 말아야 한다.

둘째, 자율형 인간이 돼라. 소극적이거나 수동적인 태도로 직장생활을 한다면 자기 성장을 할 수 없거니와 치열한 경쟁에서도 살아남지 못한다. 과거와 달리 기업은 능동적인 근무태도를 가진 자율형 인재를 선호한다. 상사가 시켜서 마지못해 일하는 것과 스스로 찾아서 하는 일은 업무의 효율성에 있어 차원이 다르다. 자율적일 때 창의력도 배가되기 때문이다. 반대로 지시형 인간은 윗사람이 시키는 일만 하는 유형으로 조직에서도 인정받지 못하고 경쟁력도 약해질 수밖에 없다. 자율적인 근무 태도로 창의력을 발휘했을 때의 성취감이야말로 행복한 직장생활을 위한 자극제가 된다. 이제부터라도 자신의 일은 스스로 찾아서 하는 자율형 인간이 되자. 그리고 창의력을 높여 자신을 성장시켜 나가자. 자율적인 인간이 될 것인가, 지시형 인간이 될 것인가는 오로지 당신의 선택에 달려 있다.

셋째, 밝은 표정을 유지하라. 직장에서 우울한 표정은 절대 금물이다. 자신의 스트레스로 얼굴을 찌푸려서 주위 사람들을 불편하게 하지 말아야 한다. 힘들고 어려운 일이 있다면 속으로 삭이고 주변에 그 감정을 전이시키면 안 된다. 그것은 어디까지나 자신의 삶이 고달픈 것이지 직장에서 우울한 표정을 하는 것은 어두운 사람의 이미지만 굳힐 뿐, 자신에게 득이 될 게 없다. 그러니 내면의 그림자를 겉으로 드리우지 말자. 그 스트레스를 참을 수 없을 때는 차라리 병가를 내고 휴식을 취하는 게 현명하다. 그리고 직장생활에서 벗어나고 싶을 때는 초심으로 돌아가 이 직장에 얼마나 입사하고 싶었는지 생각해보면 감사한 마음이 들 것이다.

넷째, 상대를 칭찬하라. 인간관계를 좋게 만드는 가장 간단하고 쉬운 방법은 칭찬이다. 말로 상대를 칭찬하는 봉사는 지위 고하를 막론하고 누구라도 기분 좋게 만든다. 단, 칭찬을 할 때는 반드시 진정성이 있어야 한다. 의미 없이 던지는 립서비스Lip Service 같은 상투적인 칭찬은 식상해지고 오히려 역효과를 낼 수 있다. 모든 사람을 긍정적인 눈으로 보면 칭찬할 거리가 보인다. 반대로 누군가로부터 칭찬의 말을 들었을 때는 반드시 '고맙다'고 화답해야 한다. 상대의 칭찬에 쑥스러워하며 '오늘 뭐 먹고 싶어서 그러는 거야?' 하는 식으로 대응하면 상대방이 무안해진다.

다섯째, 일을 즐겨라. 직장은 스트레스의 장이 아니라 보람과 기쁨의 장으로 월요일이 기다려질 정도로 신바람이 나야 한다. 일은 하는 게 아니라 즐기는 것이다. 단순히 돈 때문에 직장생활을 한다면 본인도 괴롭지만 회사 입장에서도 크게 도움이 되지 않는다. 당신의 일이 단순한 업무일지라도 그 일을 대하는 태도에 따라 얼마든지 즐길 수 있다. 예를 들면, 비정규직에 종사하더라도 자신의 커리어를 쌓아 정규직이나 전문가, 사업가로 도전할 수도 있다. 어차피 피할 수 없다면 차라리 즐기자. 신기하게도 일을 즐기는 사람에게 행운의 기회가 더 많이 주어진다.

여섯째, 실천하라. 아무리 좋은 것도 '행함'이 없으면 무용지물이다. 대부분의 직장 여성은 자신이 갖추어야 할 기본 마인드를 알면서도 실천하지 못하는 것이 문제다. 실천을 안 하니까 상사와 동료로부터 미움을 사게 된다. 직장 여성이 갖추어야 할 바람직한 태도를 실천하느냐에 따라 인사고과 점수가 달라진다. 윗사람의 눈은 열 개다. 이와 동시에 상사의 마음을 읽어라. 매사에 입장을 바꿔 생각하면 답이 보인다. 기본에 충실하면 하루가 다르게 발전하게 되고, 결국 자신이 행복해진다. 직장인들의 업무 능력은 대개 고만고만하지만 직장인으로서 어떤 태도를 갖느냐에 따라 그 능력이 판가름된다. 만약 알면서도 잘 지켜지지 않는 행동패턴이 있다면 하나씩 개선해 나가자.

패션에 진정성을 입혀라

"예쁜 것도 죄가 되나요? 8등신의 몸매가 왜? 넌 너무 섹시하고 매혹적이어서 해고야!"

얼마 전, 외모도 지나치면 부족한 것만 못하다는 사실을 일깨워준

한 여성이 있다. 미국의 데브라리 로렌자나의 얘기가 인터넷을 뜨겁게 달구었다. 이 글을 읽은 남성들 중에는 '섹시하고 매혹적이면 좋지, 그게 무슨 죄라고 해고까지나 해야 돼?' 하고 생각하기도 했단다. 이 여성이 해고당한 사건의 핵심은 '너무 매력적인 몸매와 옷차림' 때문이었다.

그녀는 2008년 9월 뉴욕 씨티뱅크에 입사한 첫날부터 늘씬한 키에 8등신 몸매와 미모로 뭇 남성들의 시선을 끌었다. 처음부터 그녀의 탁월한(?) 외모는 직장생활에서 불리하게 적용되기 시작했다. 회사의 남성 직원과 상사들이 그녀의 매혹적인 몸매와 옷차림에 시선을 빼앗겨 산만해진다는 것이었다. 인사부에서는 그녀를 신입사원이 받는 교육에서 제외시켰을 뿐만 아니라 무리한 업무수행까지 요구했다.

그녀는 상사들로부터 '금지된 옷차림' 리스트까지 건네받았다. 몸에 착 달라붙는 터틀넥 톱, 타이트스커트, 하이힐까지도 늘씬한데 왜 신어야 하냐며 금지했다. 그럼에도 그녀는 자신의 스타일을 줄곧 고집했고 그것이 해고의 화근이 되었다. 이에 대해 그녀는 이렇게 말했다.

"나는 은행의 드레스 코드에 따라 입었을 뿐이다. 업무에 어울리지 않는 부적절한 옷이 아닌 한 마음대로 입고 다닐 권리가 있다. 다른 여직원들의 경우 훨씬 도발적인 옷을 입고 다니기도 한다. 다만 내 몸매가 워낙 핫Hot하다 보니 어떤 옷을 입어도 핫하게 보였을 것이다!"

그녀는 급기야 인적자원부서에 다른 지점으로 전근을 요청하여 새로 옮긴 지점에서 근무했다. 그런데 그녀의 스타일은 전혀 달라지지 않았다. 결과적으로 그녀는 업무 권한이 축소되고 한 달 뒤 업무 목표량을 채우지 못했다는 회사 측의 의도적인 이유로 해고당한 것이다.

현재 그녀는 33세의 싱글맘으로 억울하게 회사에서 쫓겨나 씨티그룹을 상대로 법정 투쟁 중이다. 얼마 전에는 뉴욕 금융가의 길거리 회견장에서 그녀의 여성 변호인과 함께 억울함을 호소하며 눈물을 흘리는 사진도 실렸다. 나는 그녀가 기자회견을 하는 모습만 봐도 평소 그녀의 차림새를 짐작할 수 있었다.

그녀의 차림새는 미인대회에 나온 후보가 길거리에서 인터뷰하는 느낌이었다. 미인형의 얼굴에 TV 인터뷰에 걸맞는 완벽한 메이크업과 부드럽고 긴 웨이브 머리를 늘어뜨리고, 연노랑색의 민소매 상의(여름이라는 계절을 감안해도 속이 훤히 비치는 깊게 파인 슬리브리스 톱을 입고 있었다) 속에는 브래지어도 착용하지 않아 풍만한 가슴을 더욱 돋보이게 했다. 하의는 무릎길이의 흰색 타이트스커트임에도 '뒤 트임'이 심해 섹시한 분위기를 자아냈다. 그리고 소위 킬힐이라 불리는 하이힐을 신고 있었다.

'내 스타일이 어때서 다들 그러는 거죠? S라인의 내 몸매가 무슨 죄인가요?'라고 항변하는 그녀의 차림새는 자신의 억울함을 드러내기 위한 퍼포먼스이겠지만 그녀의 고집스러운 패션 스타일을 엿볼 수 있었다. 그녀는 그것도 모자라 선임변호사와 함께 인권위 사무실까지

찾았다. 그곳이 그녀와는 정반대의 입장에 처한 사람들, 볼품없는 외모로 인해 차별을 당하는 사람들이 찾는 곳이라는 사실이 아이러니했다. 그녀는 자신이 불이익을 당한 이유가 타고난(탁월한) 외모 때문이라고 거듭 주장했다.

그런 그녀를 보는 당신의 견해가 궁금하다. 매력지수가 높은 여성이라면 직장 여성들에게 탁월한 외모가 성공의 필수 조건이 되지 못한다는 공식을 눈치 챘을 것이다.

결론적으로 그녀의 패션에는 직장 여성의 진정성이 결여되었다. 그녀는 수많은 여성이 아무리 똑같은 브랜드의 똑같은 옷을 입어도 얼굴과 체형에 따라 그 느낌이 확연히 다르다는 사실을 몰랐던 것일까.

그녀는 너무 예뻐서, 너무 매력적이어서 해고된 것이 아니었다! 그녀의 자신의 본질(S자형 몸매)을 잘 알고 직장 여성으로서의 프로페셔널한 이미지를 연출해야 하는 패션의 진정성을 깨닫지 못한 것이다. 씨티은행의 한 조직원으로서 보수적인 금융기업 문화의 정통성을 지키는 것이 우선순위임에도 자신의 외모에 대한 장점을 부각시키려는 패션 강박증에 빠졌던 것이다. 그녀에겐 직장에서 부적절한 차림새로 지적을 받았다면, 자신의 스타일을 바꾸는 융통성이 필요했다. 상사로부터 금지된 옷차림 리스트를 받았을 때 곧바로 스타일에 변화를 주었어야 함에도 잘못된 패션 관념으로 인해 조직에서 도태되고 말았다.

한번은 국내 대기업 계열사의 CFO(재무 담당 최고 책임자)를 대상으로 한 특강이 있었다. 50여 명의 청중 가운데 유일하게 홍일점인 여성 임원이 있어 인상적이었다. 며칠이 지나서 그녀로부터 연락이 왔다. 이유인즉, 내가 강의를 할 때 입었던 네이비 블루(감청색) 정장이 마음에 들었는데 어디서 구입했냐고 묻는 내용이었다. 나는 체형이 서양 여성과 비슷하여 기성복 사이즈는 몸에 맞지 않아 정장은 맞춰 입는데, 가격은 오히려 백화점에 진열되어 있는 기성복보다 저렴하다. 어쨌든 나는 마침 여름 정장을 맞출 계획인데 같이 의상실에 가면 어떻겠냐고 그녀에게 제안했다.

그녀는 40대 중반으로 한국에서 대학을 졸업하고 미국 MIT에서 석·박사를 딴 재원이었다. 그녀는 시중에서 판매하는 정장이 타이트한 스타일 일색이라 마땅한 옷을 살 수 없다고 하소연했다. 그러면서 미국 굴지의 기업에서 직장생활을 오래 했던 그녀는 한국의 직장 여성들의 옷차림에 대해 쓴소리를 했다. 직장 여성들이 검정 재킷 안에 레이스 장식의 빨간색 슬리브리스톱을 입은 모습을 보면 정말 민망하다고 했다. 그 당시 레이스가 달린 톱이 한창 유행할 때였는데 그녀는 직장 여성답게 옷을 입어야지 직장에 놀러 나온 사람처럼 여성성을 강조한 차림은 곤란하지 않느냐며 나름의 불만을 토로했다.

그녀의 말처럼 직장 여성들이 외모를 예쁘게 가꾸는 것도 좋지만 지나치게 멋을 부린 옷차림은 곤란하다. 얼굴형이나 피부색에도 어울리지 않는데 유행이라고 무조건 따라 입는 것도 결코 프로페셔널한 모습은 아니다. 머리끝에서 발끝까지 명품으로 치장하고 진한 향수를 뿌리고 출근하는 여성도 꼴불견이다. 속이 훤히 비치는 시스루 룩, 네크라인이 깊게 파인 티셔츠나 미니스커트, 현란한 의상, 킬힐 등은 직장인들이 피해야 할 차림일 것이다.

매력 있는 직장 여성이라면 옷 입는 것도 전략이고 능력이다. 따라서 직장 여성다워 보이는 패션을 입음으로써 자신의 진정성을 표현할 수 있어야 한다.

매력은
배려다

배려란 '누군가를 도와주거나 보살피기 위해 마음을 쓰는 것'이다. 상대의 마음을 읽고, 상대를 먼저 생각하고, 상대와 나누는 행복도 아주 작은 배려에서 시작된다. 그러기에 남을 배려하는 것만큼이나 귀하고 가치 있는 매력이 또 있을까. 설득, 균형, 열정, 자신감, 진정성의 매력은 자신을 위한 매력 요소지만 배려는 철저히 상대적이고 타의적이다. 배려는 크든 작든 상대에게 잔잔한 감동을 주고 서로를 행복하게 만들어주는 매력 기제다. 배려는 작은 친절에서부터 타인을 위해 목숨까지 희생하는 것 등 적용 영역이 매우 넓다. 또한 배려는 따뜻하고 부드럽게 전달되는 속성이 있다.

부드러운 감성 리더십, 전현희 의원

얼짱, 몸짱, 스펙짱! 민주당 대변인 전현희 의원이 국회에서 다른 의원과 스마트폰을 들여다보면서 대화를 나누는 사진이 인터넷에 떴다. 21세기 글로벌 여성 정치인의 앞서가는 리더의 모습을 보여주는 순간이었다.

그녀의 진정한 매력은 외모보다는 지적 파워에 있다. 그녀의 이력은 가히 괄목할 만하다. 명문대 치과대학을 졸업한 의학도 출신으로 사법고시를 패스하여 변호사로 활동하다가 정계에 입문한 보기 드문 재원이다.

그런데 얼마 전, 인터넷에서 전현희 의원이 검색어 1위로 떴다. 그녀에게 무슨 일이 일어났을까. 모 남자 국회의원이 여성 정치인의 외모를 비교 언급하고, 여자 아나운서들을 비하한 발언을 하여 큰 물의를 일으켰다. 그 남자 국회의원이 전현희 의원을 '가장 섹시한 여성 정치인'이라고 말했던 것이다. 네티즌들은 아직 대중에게 널리 알려지지 않은 전현희 의원이 누구인지 궁금해했다. 보수적인 성향의 전현희 의원은 그의 발언에 말할 수 없이 당황해했다. 하지만 나는 전 의원에게 이렇게 말했다.

"섹시하다는 말을 굳이 부정적으로 받아들일 필요는 없다고 생각해요. 전 의원님이 프랑스 법무장관 라시다 다티처럼 하늘하늘한 시폰 스커트를 입는 것도 아니잖아요. 섹시함은 쿨한 분위기로 '겨울 사람'

매력이란 무엇인가?

의 이미지를 가진 여성의 멋지고 매력 있는 이미지거든요. 그러니까 전 의원님의 타고난 이미지가 겨울 사람이라 섹시하게 비치는 건 당연해요. 쿨한 이미지는 노멀한 블랙 정장을 입기만 해도 섹시한 매력을 풍겨요."

그녀는 탁월한 스펙과 뛰어난 외모의 소유자임에도 겸손한 내면을 가졌다. 그녀의 사람을 대하는 처세술을 보면 더욱 매력적이다. 누구나 그녀를 만나면 딱딱해 보이는 첫인상과 달리 부드러움을 느끼게 된다.

언젠가 그녀가 이끄는 포럼에서 '커뮤니케이션'이라는 주제로 강연을 들었다. 그날의 연사였던 강영은 이사(前 아나운서, 現 MBC 아카데미 이사)가 매끄러운 강의를 끝내자마자 그녀는 자신의 화법에 대한 경험담을 이야기했다.

"제가 국회의원이 된 지 1년이 지났을 즈음 청문회가 있었습니다. 저는 어떤 장관에게 질문을 했고 장관은 답변을 했습니다. 저는 그 장관에게 '답변해주셔서 감사합니다' 하고 인사했습니다. 그리고 저는 장관에게 자료를 요청하면서 이렇게 말했습니다. '제게 그 자료를 보내주실 수 있는지요?'라고요. 청문회가 끝나고 나서 같은 야당 국회의원들이 모두 제게 한마디씩 하더군요. 왜 세게 말하지 않고 그렇게 부드럽게 말하느냐는 거였죠. 저는 오늘 강영은 이사님이 강조한 말에 공감합니다. '나를 낮추고 상대를 배려하는 말이 진정한 힘을 발휘한다'는 말이요"

　그녀의 스피치는 사람들에게 잔잔한 감동을 주었다. 그런 이유로 그녀 주변에 많은 사람들이 머무는지도 모르겠다. 그녀의 부드러운 화법에서는 친화력이 묻어난다. 마치 싸움닭처럼 막 달려들 것같이 말하고 서슴없이 독설을 내뱉는 여느 정치인들과 상반되는 모습이다.

　얼마 전, 그녀가 '백봉 신사상'을 받았다는 반가운 소식을 들었다. 이 상은 정치부 기자들이 정치인들의 의정 활동을 평가해서 수여하는 상으로 가장 합리적이고 신사적인 의원에게 주어진다고 한다. 정치부 기자들의 눈과 귀가 그녀를 놓칠 리가 없다. 그녀처럼 탁월한 실력에 외적인 매력과 상대를 배려할 줄 아는 성품까지 갖춘 여성 정치인이야말로 이 시대의 표본이 되어야 하지 않을까.

　나는 최근에 그녀와 함께 오찬을 나누었다. 당 대변인으로 분주한 시간을 쪼개어 이루어진 만남이었다. 식사 후 그녀는 스마트폰으로 그녀가 나온 YTN의 '돌발 동영상'을 보여주었는데, 대변인으로서 발표할 때 NG만 모아서 편집한 것이었다. 나는 동영상 속의 그녀에게서 달라진 점을 발견했다. 평소 그녀의 보디랭귀지는 여성스럽고 우아했는데 이제는 남성적인 제스처가 물씬 느껴졌다. 스피치를 하기 전에 목을 흠흠하며 가다듬기 위해 주먹으로 입을 가리는 제스처를 취했다. 이는 남성들만 취하는 제스처다.

　나는 그녀에게서 남성적인 느낌을 주는 사소한 몸짓도 발견했다. 우아했던 그녀의 몸짓이 왜 남성적으로 변했을까. 나는 그녀의 보디랭귀지가 왜 남성화되었는지 짐작할 수 있었다. 그녀가 당 대변인을 맡으면서 달라진 라이프스타일이 원인이었다.

"전 의원님은 당 대변인으로 남자 국회의원들(특히 나이가 많은 당의 중진들)하고 일하는 시간이 많지요. 그러다 보니 남성적인 느낌을 주는 제스처가 자기도 모르게 몸에 밴 것 같아요. 그래도 원래의 여성스러움을 유지하는 게 좋지 않을까요?"

나의 지적에 그녀는 고개를 끄덕이며 웃었다. 얼마나 자신의 일에 몰입했으면 몸짓까지 달라졌을까. 나는 그녀에게 과거의 우아한 모습을 되찾을 것을 거듭 주문했다.

그녀는 외적인 이미지를 구축하기 위한 노력도 아끼지 않는데 '겨울 사람' 이미지라 외모만 보면 차가워 보인다. 그래서 자신의 이미지를 부드럽게 하기 위해 프릴이 달린 블라우스를 즐겨 입거나 재킷 칼라에 코르사주를 다는 식으로 변화를 준다.

나는 그녀에게 당 대변인으로서, 겨울 사람만이 가진 매니시한 매력을 살리기 위해 셔츠 패션을 제안했다. 부드러운 파스텔 톤(연분홍, 연파랑, 연노랑, 연초록)의 셔츠를 번갈아 입음으로써 '셔츠를 잘 입는 여성 정치인'의 이미지를 콘셉트화하는 것이다.

그리고 얼마 후 그녀로부터 웃는 얼굴의 이모티콘을 넣은 문자를 받았다.

"정 대표님, 셔츠 반응이 넘 좋아요!"

주변 사람들로부터 좋은 반응을 얻어낸 셔츠 패션 피드백을 내게 문자로 알려준 것은 그녀만이 할 수 있는 섬세한 배려였다.

따뜻한 감성 리더십, 장하진 전 장관

내가 장하진 장관을 처음 만난 것은 14년 전으로, 그녀는 당시 충남대학교 교수로 재직 중이었다. 그녀는 방송 출연을 위한 이미지컨설팅을 받기 위해 우리 연구소를 찾았다. 대개의 여교수들은 TV에 출연할 때 자신의 외모나 목소리에 그리 신경을 쓰지 않는다. 그런데 그녀는 훗날 여성가족부 장관이 될 것까지 예견했던 것이었을까. TV에 출연할 때 어떤 색상과 스타일의 옷을 입어야 할지와 TV 메이크업, 스피치, 제스처까지 이미지 메이킹의 중요성을 간파하고 있었다.

그녀의 첫인상은 밝고 부드러운 '봄 사람Warm Image'의 이미지였다. 노르스름한 피부에 웨이브 커트가 잘 어울렸다. 부드러운 눈빛은 다정한 언니처럼 따스했다.

"교수님, 참 대단하신 분이세요. 다른 분들은 TV에 출연한다고 해도 그리 신경 안 쓰거든요. 학교에서 강의할 때처럼 평소의 모습 그대로 나오잖아요."

"사실 나도 그래요. 그런데 우리 어머니께서 옛날 분인데도 참 멋쟁이세요. 늘 딸의 차림새가 마음에 안 든다고 하시죠. 이번에 TV 좌담회에 나가면 옷차림에 대해 뭐라 그러실 것 같아 제대로 출연해보려고요."

나는 그녀가 가지고 있는 회색 슈트에 연분홍색 셔츠를 제안했다. TV 토론회에 비친 그녀의 모습은 전문적이면서도 따뜻한 여교수의 이미지를 어필하기에 충분했다.

그녀는 시대의 변화를 받아들이는 열린 여성 고위공직자로서의 면모를 갖추었다. 한 단면이지만 미디어에 대비해야 할 필요성을 간파했기 때문이다. 요즘은 정부 각 부처의 장·차관이 '미디어 트레이닝'을 받는 것이 일반화되었지만 그때만 해도 방송인이 아니면 굳이 미디어 노출의 의미와 그 중요성을 인식하지 못했다. 그러기에 나는 그녀가 장관으로 발표되었을 때 이미 준비된 여성 장관이라고 생각했다.

그녀는 따뜻한 감성 리더십의 결정체라 해도 과언이 아니다. 부드러운 외모에서부터 반듯한 태도나 겸손한 성품까지 따뜻한 매력이 그녀의 아이덴티티이다.

그녀가 장관이 되면서 나와의 만남이 다시 이루어졌다. 그녀의 밝고 따뜻함은 한결같았다. 장관이 되었다고 해서 표정이나 태도, 말투가 달라지지 않았다. 다만 오랜 교수생활과 여성계 인사로 활동하다 보니 그녀의 슈트는 검정색, 회색, 감청색 일색이었다. '봄 사람'의 이미지를 가진 그녀에게 이런 컬러는 자칫하면 진부한 여성 장관의 이미지를 줄 수 있다. 그녀의 부드러운 이미지와 상반되기 때문이다. 먼저 딱딱한 패션 코드부터 바꾸어야 했다. 나는 그녀의 따뜻한 내면과 일치하는 감성 리더십의 이미지를 콘셉트로 잡았다. 기존의 칙칙한 컬러의 슈트 일색에서 전체적인 분위기를 파스텔 톤 위주로 화사하게 연출했다. 재킷의 칼라는 라운드 스타일로 부드러운 이미지를 강조했다. 이런 범주 안에서 재킷 깃으로 변화를 주는 식이다. 이너웨어는 셔츠보다 아이보리색이나 연한 비둘기색 등의 블라우스나 톱으로 받쳐 입었다. 그녀의 옷장에 있던 검정색 슈트는 '봄 사람'인 그녀에게 최악의 컬러였다. 특별한 상황이 아닌 한 검정색 슈트는 피하도록 하고 구두는 앞코가 뾰족하지 않은 중간 굽 정도의 스타일로 활동성과 우아함을 강조했다.

그녀는 외모뿐만 아니라 내면도 여성 공직자들의 딱딱한 이미지를 배제하기 위해 노력했다. 표정, 말투, 패션뿐만 아니라 자세와 태도도 여성스러운 본연의 이미지를 지향했다.

그녀가 한번은 청와대에서 영부인을 비롯한 사회 각 계처의 여성 지도자들과 단체사진을 찍었다. 그녀는 맨 앞줄에 앉았는데 그 모습이 단정하고 품위 있어 보였다. 허리를 똑바로 세우고 무릎은 가지런히 모아, 두 발은 스튜어디스가 앉았을 때의 발 모양을 하고 있었다. 앉은 자세만으로도 그녀는 그 누구보다도 돋보였다.

그녀의 내면은 최고위공직자로서 원칙주의를 실천했다. 그녀의 따뜻함은 업무 스타일에서도 도드라졌다. 딱딱한 관료적 이미지는 철저히 거부했다. 그녀 스스로 리버럴Liberal한 리더십의 소유자이길 원했다. 부처별 회의가 있을 때는 장관인 그녀가 먼저 아이스 브레이킹(어색한 분위기 깨기)을 하여 자유로운 토론을 유도했다. 경직된 분위기에서 회의를 하면 창의적인 정책이 나오지 않는다는 사실을 잘 알았기 때문이다.

당시 그녀가 이끈 여성가족부는 다른 부처에도 롤 모델이 될 만큼 조용한 변화의 바람을 불러일으켰다. 경직된 공무원의 조직 분위기를 활성화시키는 데도 성공했다.

그녀는 재임 중에도 자기 관리가 철저하기로 유명했다. 그래서인지 어떤 부정적인 가십거리도 없었다. 그녀는 내외적으로 따뜻한 이미지의 소유자로 참여정부의 최장수 장관이라는 기록을 남겼을 만큼 오랫동안 장관직에 머물렀다.

나는 그녀를 통해 차가움보다는 따뜻한 감성 리더십이 진정한 파워를 발휘한다는 진리를 다시금 깨달았다. 그녀야말로 여성 장관의 롤 모델이 되어야 하지 않을까. 그녀는 전주의 명문가 출신임에도 서번트 리더십을 행동으로 옮겼다. 이 리더십은 아랫사람을 아래로 대하지 않고 섬기는 리더십이다.

한번은 그녀와 저녁 약속이 있어 식당에서 기다리고 있었다. 곧 그녀가 도착해 내 맞은편에 앉았다. 그런데 그녀의 운전기사가 우리와 같은 테이블에 앉는 것이었다. 나는 잠시 의아했다. 장관이 운전기사와 같은 테이블에서 식사하는 경우는 극히 드물기 때문이다. 아랫사람을 배려하는 그녀의 따뜻함에 인간적인 매력과 함께 존경심마저 느껴졌다.

상대를 배려하는 매력의 꽃을 피워라

배려는 가장 성숙한 매력으로 매력 중에 가장 으뜸일 것이다. 배려는 매력의 꽃이다. 그래서 배려가 있는 곳엔 아름다움과 행복이 있다. 남을 배려하면 손해를 볼 것 같은데 이는 정반대다. 배려의 힘은 내가 행복해지고 남도 행복해진다는 것에 있다.

진정 매력 있는 여자는 남을 배려할 줄 아는 여성이다. 그런데 늘 남에게 배려만 하고 살기란 그리 녹록치 않다. 나 또한 알게 모르게 상대를 배려하지 못해 매력 없는 여자가 돼버리곤 한다. 어떤 경우에는 본의 아니게 배려하지 못해 오랫동안 마음에 걸리는 경우도 있다.

최근에 지방에서 강의가 있어 서울역으로 가기 위해 택시를 탔다. 앞의 일정에서 차질이 생기는 바람에 잘못하면 KTX를 놓치게 생겼으니 마음이 정말 다급했다. 나는 택시기사에게 바쁜 사정을 말하고 속력을 내달라고 부탁했다. 기사는 고맙게도 나와 함께 마음을 졸이면서 시원하게 운전을 해줘서 가까스로 서울역에 도착했다. 그런데 나는 시간이 너무 촉박하고 마음이 급했던 나머지, 기사에게 감사의 표시를 잊고 말았다. 나는 평소에도 택시를 타면 거스름돈은 받지 않는데, 그 날처럼 내가 특별히 부탁한 경우라면 두 배에 가까운 택시비를 지불했을 것이다. 내가 기사에게 할 수 있는 최상의 배려는 그 방법밖에 없기 때문이다. 그런데 그날은 경황이 없어서 그 배려를 미처 생각하지 못했다. 나는 무심코 택시비를 지불했고 기사가 거스름돈을 내줬는데 아무 생각 없이 동전까지 다 받았다. 택시를 내리면서 그에게 고맙다는 인사말을 건넸는데 그의 표정이 굳어 있었다. 순간 아차했지만 이미 택시는 출발해버렸다. 나는 그날 잠자리에 들 때까지도 문득 문득 그 상황이 떠올라서 마음이 얼마나 불편했는지 모른다. 그는 나를 얼마나 매너 없는 여자로 여겼을까.

배려는 작은 선행이다. 배려와 선행이 필요한 곳은 너무나 많다. 우리가 생활하면서 늘 인식해야 하는 점이다. 마음의 여유를 잃을 땐 자칫 배려 또한 놓치게 된다. 칭찬해주기, 고마운 마음 전달하기, 마음을 담아 선물하기, 실의에 빠진 상대에게 따뜻한 말로 격려해주기, '실적'을 동료에게 돌리기, 공중질서 잘 지키기, 도서관이나 식당에서 앉았던 의자를 정리하고 일어나기, 버스나 전철에서 자리 양보하기 등도 상대를 위한 배려다.

배려와 선행이 있는 곳에는 감동이 있고 행복이 있다. 배려는 상대를 의식하는 것에서부터 시작된다. 그래서 배려는 철저히 상대적이다. 배려는 상대방의 입장에서 먼저 생각하면 쉬워진다. 내가 생각하기에 좋은 말이라도 상대가 들어서 불쾌할 말이라면 배려의 본질에서 벗어난다. 그래서 배려의 기본은 상대의 마음 읽기에서 출발한다.

아무리 외모가 뛰어난 여성이라도 매사에 자기중심적이라면 매력이 반감된다. 이런 여성과는 같이 일하고 싶지도, 대화하고 싶지도 않다. 진정 매력 있는 여성은 직장이나 사회생활을 할 때도 상대를 배려할 줄 안다.

P(26세, 직장인)씨는 대학에서 경영학을 전공하고 대형 백화점에 입사했다. 사회 초년생으로 들뜬 마음으로 직장생활을 시작했지만 몇 달 지나지 않아 삐걱거리기 시작했다. 직장 동료들이 자신을 은근히 따돌리는 느낌을 받았기 때문이다.

그녀는 잔뜩 주눅 든 표정으로 연구소를 찾아왔다. 직장 동료들이 자기를 왜 싫어하는지 그 이유를 모르겠다며 말문을 열었다.

"제 표정에 문제가 있나요? 아니면 말투가 이상한가요?"

그녀의 표정이나 목소리에는 문제가 없어 보였다. 그녀에게 직장에서 사회성을 테스트하는 잣대인 '배려지수 체크' 용지를 꺼내놓았다. 체크 결과 그녀의 배려지수는 25%로 상당히 낮게 나타났다. 그녀가 어떤 태도로 직장생활을 했을지 대략 짐작이 갔다.

나는 그녀에게 배려심이 부족한 것을 지적하고 배려의 필요성을 강조하면서 물었다.

"혹시 직장 동료나 상사로부터 직장에서의 생활 태도에 관해 지적받

매력이란 무엇인가?

은 적은 없었어요?"

그녀는 잠시 머리를 갸웃거리다가 언젠가 같은 부서의 여성 과장으로부터 그녀의 책상이 항상 어지럽혀 있고 회의실에서 회의가 끝나면 뒷정리를 하지 않는다는 지적을 받은 적이 있다고 말했다.

나는 배려지수 문항에 있는 상황을 토대로 그녀에게 직장인의 배려 마인드를 조목조목 짚어주었다. 그녀는 그때서야 직장생활에서 남을 배려하는 태도가 부족했음을 인정했다. 미처 생각지도 못했던 점을 짚어줄 때면 고개를 끄덕이며 수긍했다. 그러면서 자신이 외동딸로 태어나 주변 사람들로부터 사랑만 받고 자랐기 때문에 매사에 자기중심적이었던 것 같다고 했다.

그녀는 형제자매도 없이 홀로 자라온 환경으로 상대에 대한 배려에 익숙하지 않았던 것이다. 그녀는 직장에서 소외감을 느끼게 된 원인을 찾고 나서 홀가분해했다.

나는 자신의 문제를 스스로 찾아 나서고 해결하려는 그녀의 적극적인 모습에 박수를 보내고 싶었다. 사소하게 여길 수 있는 작은 배려가 매력 없는 여자를 매력 있는 여자로 만들어준다. 참 안타까운 것은 그녀처럼 많은 여성이 상대를 배려하고 싶지 않아서가 아니라, 배려가 무엇인지 그리고 그 배려가 얼마나 중요한지를 몰라서 매력 없는 여성으로 비치는 점이다.

직장에서의 배려를 너무 거창하게 생각하지 말자. 밝은 표정과 친절한 서비스 정신은 직장 여성으로서 갖추어야 할 기본 자세이며 상대를 위한 배려다. 책상 정리, 주변 물품 정리, 탁자에 놓인 휴지나 종이컵 치우기, 휴게실의 의자 반듯하게 놓기, 창가를 지나다가 화초에 물 주기라도 해보자. 상대를 위한 작은 배려와 선행으로 자신의 마음이 정화될 뿐만 아니라 업무 능력도 향상된다. 매력 있는 직장인이라면 배려를 생활화해야 한다. 그러면 직장생활이 행복해진다. 무엇보다 진정 매력 있는 여자가 된다는 것에 가치가 있다.

매력 있는 여자가 성공한다

Part 3

매력지수를 높이는
7가지 톱 시크릿

얼굴 생김새와 상관없이 환하게 웃는 여자에게 끌리기 마련이다. 그런데 표정이 매력적인 여자를 만나기가 쉽지 않다. 최근에는 사람들의 표정이 많이 밝아졌지만 여전히 길을 가다 보면 무표정하거나 굳은 얼굴이 너무 많다. 그녀들은 표정이 첫인상을 결정짓는 데 중요한 메커니즘이라는 사실을 알고 있을까. 언젠가 인터넷에서 표정과 관련한 가슴을 울리는 글('좋은 글' 중에서, 글쓴이 미상)을 읽은 적이 있다.

"잘생긴 사람은 가만있어도 잘나 보인다. 그러나 못생긴 사람은 가만있는 것만으로도 인상파로 보이기 십상이다. 너는 '살아 있는 미소'로 누군가에 기쁨을 전하는 메신저가 돼라. 표정을 잃게 되면 마음마저 어둠에 갇힌다는 말이 있듯 네 마음에 지옥을 드리우지 말라. 네가 네게 가장 먼저 미소 지어주는 그런 사람이 돼라."

패션Fashion;
옷 잘 입는 여자

대충 편하게 입고 다니면 되지, 왜 옷 잘 입는 여자가 되어야 할까. 상대는 당신의 옷차림새로 개인의 감성과 사회적 요소를 판단하기 때문이다. 패션은 옷을 입은 사람의 내면을 표현하는 비언어적 요소로 표정, 헤어, 화장, 몸짓, 태도와 마찬가지로 상대를 판단하는 시각적 도구이다. 옷은 가장 빠른 시간에 한 여성의 취향과 신분(?)을 나타내기도 한다. 옷차림새는 첫인상을 결정짓는 중요한 요소로 이성과의 만남은 물론 비즈니스에서도 호감 여부를 결정짓는 영향력을 발휘한다. 그래서 옷 입기를 단순히 여자들의 멋 내기로, 가볍게 생각하면 곤란하다. 아무리 얼굴이 예쁘고 몸매가 빼어나도 옷을 못 입으면 촌스러운 여자, 감각 없는 여자라고 생각한다. 옷을 못 입는 여자는 둔해 보이고 매력적이지 않다. 반면 외모가 그리 탁월하지 않고, 몸매도 그저 그렇고, 나이가 많아도 자신을 어떻게 연출하느냐에 따라 옷차림새의 품위 여부가 결정된다. 나는 옷을 잘 못 입는 여성들에게 묻고 싶다. 타고난 외모도 그렇고, 패션에도 전혀 관심이 없다면 무엇으로 매력 경쟁력을 키울 것인지 말이다. 물론 외모가 절대적인 가치 기준이 될 수는 없지만 첫인상을 좌우하는 결정적인 역할을 하는 것임에는 분명 하다.

옷만 잘 입어도 매력지수가 높아진다

언젠가 이미지컨설팅을 받으러 온 미혼 남성이 있었다. 그가 결혼 적 령기라 지나가는 말로 어떤 타입의 여성에게 호감이 가는지 물어보 았다.

"옷 잘 입는 여자요! 제가 공대 출신이니 패션 감각이 없거든요. 와 이프까지 센스가 없으면 제 삶이 너무 무미건조할 것 같아요."

그렇다. 옷 잘 입는 여자를 싫어하는 남자가 있을까. 매력 있는 여성 은 자신을 최상의 모습으로 보이게 하는 센스를 가졌다. 타고난 외모 가 탁월하지 않더라도 패션으로 자신을 잘 연출하면 매력적으로 어필 할 수 있다. 옷 입는 감각은 후천적인 개발이 가능하다.

3년 전, 가을이었다. B씨(당시 31세)는 국내 명문대에서 행정학을 전공하고, 하버드대에서 석사 학위를 받은 재원이었다. 그리고 한국으로 돌아와 행정고시에 합격하여 정부 모 부처에서 사무관으로 일했다. 그녀는 명석한 두뇌와 성실함으로 별다른 변수가 없는 한 여성 고위공직자의 수순을 밟을 것이다. 그런데 그녀의 어머니는 마음이 조급했다. 장녀가 사회적으로는 잘나가지만 결혼 적령기를 놓치게 될 것 같기에 불안했다. 오히려 영문학을 전공한 둘째 딸에게 선이 더 많이 들어왔으니 어머니의 입장에서는 불안할 법도 했다.

큰딸은 선을 몇 번 보긴 했지만 결혼으로 이어지지 않았다. 어머니는 딸의 월등한 스펙이 결혼의 장벽이 될 줄 몰랐다고 생각했다. 물론 자신의 딸만한 스펙을 갖춘 신랑감이 그리 흔치는 않았을 터이니 만남의 기회가 적을 수밖에 없긴 했다.

그녀와의 컨설팅은 토요일 오후에 잡혔다. 그녀를 처음 본 순간 평범한 공무원의 이미지가 물씬 풍겼다. 그녀는 둥근 얼굴형에 미운 이목구비는 아니었다. 키는 약간 큰 편이고 보통 체형을 가졌다. 피부색은 '여름 사람'의 이미지로 뽀얀 피부가 매력적이었다. 컨설팅을 시작한 지 얼마 안 되어 그녀의 지적인 말투가 범상치 않다는 것이 느껴졌다. 그녀는 최고의 실력을 지녔음에도 겸손한 태도가 돋보였다. 그런데 그녀가 입은 옷은 로맨틱 스타일로 얼굴과 옷이 완전 따로따로였다. 갓 졸업한 여고생이 입으면 어울릴 만한 회색 니트 원피스에 롱 어그부츠는 그녀의 외모뿐만 아니라 직업과도 동떨어진 스타일이었다.

그녀는 어려 보이기 위해 이런 스타일을 선택한 듯싶었다.

2차 컨설팅은 '옷장 컨설팅Wardrobe Consulting(옷장에 있는 옷과 소품 중에서 최상의 스타일링을 제안하는 컨설팅 기법)'을 하기로 정했다. 그녀는 두 개의 큰 여행용 가방에 옷장에 있던 옷들과 소품을 잔뜩 채워 연구소로 가져왔다. 연구소 스태프들이 그녀의 옷을 옷걸이와 책상 위에 한눈에 확인할 수 있도록 정리했다. 정장은 포멀 웨어로 그리 문제 되지 않았다. 그런데 많은 캐주얼 옷이 잔잔한 꽃무늬 일색이었다. 꽃무늬 패턴은 그녀의 큼직한 이목구비와는 상반되는 스타일이었다. 이는 보수적인 직장 여성의 이미지와도 어울리지 않았다. 그녀가 꽃무늬 옷이 옷장에 더 많이 있다고 해서 나는 아연실색했다.

"특별히 꽃무늬를 선호하는 이유라도 있으세요?"

"어머니가 제가 어릴 때부터 꽃무늬 옷을 많이 사주셨거든요. 그래서인지 꽃무늬 옷을 입으면 마음이 편안해지고 여성스러워 보이는 것 같아서 좋아하죠."

나는 수많은 컨설팅과 세미나를 통해 많은 여성들이 어떤 착각을 하고 있는 상황을 자주 목격한다. 자신의 고유 이미지는 배제한 채 여성스러운 스타일을 입으면 사랑스럽거나 매력적인 여성으로 비칠 거라고 생각하는 것이다. 그녀들은 '균형의 매력 법칙'을 잘 모르기 때문이다. 그녀는 적극적인 자세로 이미지컨설팅에 임했다. 덕분에 그녀의 옷장 안에서 잠자던 정장들도 '패션 쇼퍼'의 컨설팅을 받고 새로 구입

매력지수를 높이는 7가지 톱 시크릿

한 이너웨어와 활용해서 스타일리시하게 입을 수 있게 되었다. 소녀 같은 느낌을 준 긴 헤어스타일은 어깨 길이로 깔끔하게 정리하고 롤 스트레이트 퍼머를 했다. 그녀의 얼굴을 가장 돋보이게 해주는 메이크 업 기법도 익혔다. 그 후 지난해 연말 그녀로부터 감동적인 메일을 받았다.

"이미지컨설팅을 받고 나서부터 사무실에 출근하면 직원들로부터 시선을 더 받는다는 것이 피부로 느껴지더군요. 그로부터 몇 달 후에 옆 부서의 사무관으로부터 프러포즈를 받았어요. 그리고 그와 결혼해서 예쁜 딸까지 낳았어요. 첨부파일에 백 일 된 제 딸아이 사진을 보내 드립니다. 제게 행복 메커니즘을 발견하게 해주신 연구소 분들께 다시 한번 감사드립니다."

첨부파일에는 귀여운 아기가 하얀 리본의 헤어밴드를 하고 소파의 팔걸이에 엎드린 채 잠을 자는 사진이 있었다.

모든 여성들이 스타일리시해지길 바란다. 그렇지만 옷을 잘 입는 게 그리 만만하지 않다. 어떤 스타일이 어울리는지도 모르겠고, 쇼핑을 자유롭게 할 만큼 경제적인 여유도 없다. 드라마나 패션지의 스타들처럼 입자니 직장인으로서는 무리가 따른다. 게다가 완벽하게 체형이 받쳐주는 것도 아니다. 하지만 타고나길 좋은 몸매가 아니더라도 스타일리시한 매력을 발산할 수 있다! 예를 들면 뚱뚱한 체형의 여성들은 대부분 수축색인 검정색 옷을 지나치게 선호하는 경향이 있다. 하지만 검정색이 특별히 잘 어울리는 여성(겨울 사람)을 제외하고는 뚱뚱한 여자가 검정색을 입으면 답답한 이미지를 더할 뿐이다.

내 후배 하나는 자신의 행복을 '먹는 것'에서 찾는다고 노골적으로 말한다. 그녀는 식도락가로 뚱뚱한 체형에서 벗어날 의지가 없지만 옷을 무척 잘 입는다. 하의는 주로 블랙으로 입고 컬러풀한(와인색, 초록색, 보라색) 재킷을 멋지게 소화한다. 또한 크고 대담한 액세서리(목걸이, 브로치, 팔찌 등)로 포인트를 줘서 상대의 시선을 뚱뚱한 체형으로부터 분산시킨다. 그녀는 항상 샤넬의 향수를 뿌리고 다니는 멋쟁이로, 여성으로서 갖추어야 할 센스와 매력을 지녔다. 그러니 옷차림은 어떤 체형이냐보다는 어떻게 소화하느냐가 더 중요하다. 어떤 체형이든 자신의 매력을 어필할 수 있는 스타일을 찾는 것이 중요하다.

옷을 잘 입는다는 것은 남들과 차별화된 스타일을 말하는 것은 아니다. 유행에 뒤처지지 않게 트렌디한 옷을 입어야 하는 것도 아니다. 옷차림이 자신의 이미지를 최대한 부각시키고, 자신의 감각을 드러내는 중요한 요소임을 깨닫고, 옷에 관심을 갖는다면 당신도 옷 잘 입는 여자가 될 수 있다.

패션 불감증에 걸린 여자들

'옷이 날개'라는 말처럼 옷을 잘 입으면 그만큼 돋보인다. 옷은 그 옷을 입은 사람의 생각과 취향, 내면을 대변한다. 그런데 옷을 잘 입고 못 입고를 떠나 옷을 난해하게 입어 눈살을 찌푸리게 하는 여성들도 있다. 나는 그녀들을 '패션 불감증'에 걸렸다고 말한다. 그녀들은 패션의 중요성을 인식하지 못하고 색상, 소재, 스타일은 고사하고 옷을 아무렇게나 입거나 패션에 대한 개념 부족으로 자신이 선호하는 스타일만 고집하거나 지나치게 다양한 스타일을 추구함으로써 거부감을 주는 '오버 패션'을 한다.

세계적인 인기 가수 레이디 가가는 오버 패션의 대표주자다. 그녀의 패션은 독특하다 못해 황당하기까지 해서 종종 사람들을 당혹스럽게 만든다. 그녀는 한 시상식에서 깜짝 놀랄 만한 옷을 입고 등장했는데 그날의 패션 콘셉트는 소고기였다. 그녀는 정육점의 진열장에서 볼 수 있는 넓고 납작한 소고기 프린트의 붉은 원피스를 입고, 머리에는 납작하게 포를 뜬 소고기 모양의 모자를 뒤집어쓰고 나타났다. 원피스 안에는 검정색 그물 스타킹을 신었는데 한쪽 무릎에는 동전 크기만 한 구멍까지 뚫려 있었다. 거기다 한 술 더 떠서 패션지 〈보그〉의 표지에는 그녀의 아름다운 나체에 진짜 소고기로 중요한 부분만 가리고, 머리에는 빨간 핏물이 비치는 생고기를 모자 대신 덮어쓰고 나왔다. 이처럼 그녀의 스타일은 많은 사람들로 하여금 혐오감을 느끼게 하는

데 아마도 그녀는 패션을 일종의 퍼포먼스화시키는 듯하다. 아무리 그녀의 행동이 일종의 행위예술이라 해도 그녀를 볼 때마다 그녀의 정신 세계를 의심하게 된다.

레이디 가가만큼은 아니더라도 길거리에서 흔히 마주칠 수 있는 오버 패션 아이템도 있다. 나는 배기팬츠를 오버 패션의 1위로 꼽고 싶다. 지난여름, 홍대 앞에서 유독 내 눈살을 찌푸리게 한 스타일이 있다. 엉덩이와 허벅지의 경계 라인이 삐져나올 것 같은 배기팬츠가 변형된 스타일인 쇼트 배기팬츠였다. 여성을 아름답게 표현해주는 패션의 기본 원칙에서 너무 멀리 간 스타일로, 나는 이 희한한 팬츠를 입은 여성들의 뒷모습을 볼 때마다 한 살짜리 아기가 일회용 기저귀를 차고 아장아장 걷는 모습이 오버랩되었다. 혹시 이 팬츠를 즐겨 입은 사람이 있다면 부탁하건대, 전신 거울로 앞모습이 아닌 뒷모습을 살펴보길 바란다. 분명 나의 생각에 공감할 것이다.

롱 배기팬츠는 또 어떤가. 밑위길이가 무릎까지 내려가는 독특한 스타일로 속칭 '똥 싼 바지'로 불렸던 이 바지를 입은 여성들을 볼 때마다 〈스타워즈〉에서나 본 듯한 외계인이 떠올랐다. 이 바지는 아방가르드 스타일로 뉴욕, 파리, 밀라노에서 열리는 세계적인 컬렉션에서 볼 수 있었다. 그러나 이 스타일은 다리가 짧은 체형의 한국 여성이 입으면 다리가 더욱 짧아 보여 거부감조차 준다.

또 하나, 몇 년 전부터 유행한 글래디에이트 샌들은 젊은 여성들의 발을 점령했다. 이 샌들을 신지 않으면 현대 여성이 아닌 것 같은 착각마저 들 만큼 지금까지도 유행이다. 글래디에이트는 고대 검투사들이 주로 신었던 신발이다. 여름에 굽이 낮은 플랫한 샌들은 나름 멋스럽기도 한데 스틸레토힐의 글래디에이트 샌들은 볼 때마다 현기증이 날 지경이다. 이 신발을 신고 가다 넘어지면 어쩌나 싶을 만큼 걱정이 앞선다. 레이디 가가가 영국의 한 공항에서 20cm의 킬힐을 신고 걷다가 넘어지는 사진을 보면 정말 아찔하다.

요즘에는 유행이 지났는지 자주 눈에 띄지 않는데, 길을 걷다 트레이닝팬츠 엉덩이에 'PINK'라는 로고가 프린트된 옷을 입은 20대 여성을 보게 되면 그녀의 얼굴을 쳐다보곤 한다. 엉덩이에 포인트를 주고 싶은 여성은 어떤 얼굴일까 싶은 단순한 이유에서이다. 그녀의 튀는 패션도 좋지만 무슨 생각으로 엉덩이에 시선을 끌고 싶었을까. 할로윈 데이에서라면 모를까, 엉덩이를 덮다시피하는 로고가 있는 바지를 입고 거리를 활보하는 여성들은 한 번만 더 생각해보길 바란다.

지난겨울부터 다양한 프린트의 레깅스가 대유행이다. 그런데 옷과 잘 안 어울리는 현란한 프린트의 레깅스는 멀쩡한 패션을 순식간에 난해하게 만든다. 언젠가 나는 운전을 하다가 지나가는 여성의 다리를 보고 화상 입은 줄 알고 깜짝 놀랐다. 물론 악센트의 의미로 현란한 레깅스를 신을 수는 있지만, 거듭 신중해질 필요가 있다.

오버 패션이 눈동자 색까지 침범했다. 눈동자를 또렷하고 매력적으로 보이게 한다는 이유로 갈색 컬러 렌즈가 꾸준한 사랑을 받아 왔다. 그런데 밝은 갈색 계열의 컬러 렌즈는 마치 고양이 눈을 연상케 한다. 사랑스러운 눈동자를 연출하고 싶다면 동물의 눈동자를 연상시키는 렌즈는 피하길 바란다.

이번에는 손톱 얘기를 좀 해보자. 얼마 전, 장례식에 참석한 모 탤런트의 손톱이 카메라에 잡혔다. 검정색 매니큐어로 손톱 끝부분에만 가늘게 칠해주는 프렌치 스타일이었다. 가끔씩 의상에 따라 검은색 매니큐어를 손톱 전체에 칠하기도 하지만, 검정색의 프렌치 스타일은 정말 오버다. 손톱 밑에 새까만 때가 낀 것 같은 느낌을 주니까. 반면 흰색 매니큐어의 프렌치 스타일은 결혼식장에서 신부가 해도 좋을 만큼 깔끔하고 아름답다.

블랙 콤플렉스에서 벗어나라

MBC TV의 〈무한도전〉이라는 프로그램에서 엔도르핀이 팍팍 나오는 장면을 봤다. 그것도 60초 만에 느낄 수 있는 짜릿한 광고물이었다. 출연자들이 뉴욕 맨해튼 타임스퀘어의 대형 전광판에 '한국의 문화'를 알리는 홍보물을 제작하는 프로젝트를 다룬 것이다. 스태프들은 뉴욕(세계) 사람들의 눈(시각적 이미지)을 끌 수 있는 것이 '색감(컬러)'이라는 것에 착안했다.

매력지수를 높이는 7가지 톱 시크릿

주제는 '한국의 맛The Taste Of Korea'으로 우리의 전통문화를 비빔밥에 접목하여 컬러를 역동적으로 연출해내는 것이었다. 색동옷을 입고 추는 화관무로 갖가지 재료가 섞여 만들어지는 비빔밥을 오버랩시킨 아이디어가 신선했다. 노란색 한복을 입은 무용수들이 노란색 부채를 들고 강강술래로 작은 원을 그리면 그 화면 위에 비빔밥 중앙에 올려진 달걀프라이의 노른자와 오버랩시키는 방식이다. 흰색 한복을 입은 무용수들이 강강술래로 큰 원을 그리면 달걀프라이의 흰자를, 빨간색 한복을 입은 무용수들이 강강술래로 더 큰 원을 만들면 매콤한 고추장을 뿌려주고, 초록색 한복을 입은 무용수들이 오이채를, 주홍색 한복을 입은 무용수들이 당근채를, 흰색 태권도 도복을 입고 발차기를 날릴 때 흰밥을, '북청사자놀음'으로 갈색의 표고버섯을, 풍물패의 '상모돌리기'로 하얀색의 양파를, 탈춤을 추며 초록색 한삼으로 바람에 흔들리는 '파'를 오버랩시켰다. 마지막 장면은 스태프들의 난타 장면으로 마무리됐다. 단 1분이라는 짧은 시간에 그토록 많은 한국의 문화를 담을 수 있다니, 세계인의 시선을 끌기에 충분했다.

드디어 아름답고 역동적인 영상물이 타임스퀘어 광장의 전광판에 떴다. 그때 광장을 오가던 뉴요커들의 표정은 영화 속에서나 볼 법했다. 하늘에서 내려오는 천사의 모습을 경이롭게 쳐다보는 환희의 표정이랄까. 짧은 시간이지만 그들은 한국의 맛을 알리는 영상물에 시선을 고정시켰다.

나는 이 홍보 동영상을 보면서 패션 컬러를 생각해보았다. 사람들의 시선을 끄는 것으로 패션 컬러만큼이나 강렬한 메커니즘은 없다는 것을 실감했다. 다양한 만남 속에서 짧은 시간에 자신을 어필하려면 패션에 컬러를 입혀야 할 필요가 있다. 그럼에도 한국 여성들은 검정색을 유독 편애한다. 특히 겨울날의 서울은 온통 검정색 일색이다. 많은 여성이 정장이든 캐주얼이든 검정색에서 벗어나질 못한다. 통통한 여성일수록 블랙 콤플렉스에 빠지는 경우가 많다.

검정색은 수축색이라 날씬해 보이는 컬러라는 장점과 함께 다른 색상과 매치하기가 만만하다. 검정색은 드라마틱한 컬러이기도 하다. 파티에서의 검정색 이브닝드레스는 화려한 컬러로 돋보이지만 장례식에서의 검정색은 죽음을 상징하는 가장 가라앉은 색이기 때문이다.

검정색은 모든 유채색을 강조해주는 겸손한 컬러다. 스스로 자신을 낮춰서(검정색은 명도가 가장 낮은 색) 상대적으로 다른 색상을 돋보이게 하는 미묘한 컬러다. 그 유명한 그레이스 켈리가 모나코 왕비가 되고 나서 세계 '드라이플라워' 축제에 참여했다. 그녀는 어떤 색의 드레스를 입을지 고민하다 검정색 드레스로 결정했다. 그녀의 블랙 드레스는 수많은 색상의 화려한 꽃과 다른 여성들이 입은 드레스 속에서 우아한 자태를 뽐냈다. 그녀가 빨간색이나 핑크색 드레스를 입었다면 그녀의 드레스는 꽃들의 화려한 색상에 묻히고 말았을 것이다.

다시 한번 강조하지만 검정색은 그 자체로 시크한 컬러의 대표선수지만, 한국 여성에게는 썩 잘 어울리는 컬러는 아니다. 누가 어떻게 입었느냐에 따라 그 느낌이 확연히 다르다.

현대 패션의 거장인 코코 샤넬은 평소 검정색 옷을 즐겨 입었다. 그녀를 인터뷰한 기자들은 "왜 장례식에 참석하는 사람처럼 검정색 옷만 입느냐"는 질문을 했다. 천재 디자이너 샤넬은 다른 여성들에겐 유채색 컬러를 세련되게 입히면서 자신은 왜 검정색만 고집했을까. 샤넬의 피부색과 얼굴 생김새는 검정색이 베스트 컬러다. 그러다 보니 검정색만큼 그녀의 내면에 존재하는 패션의 깊이와 절제, 열정을 대변해주는 컬러는 없었다. 여전히 우리의 기억 속에 남아 있는 샤넬은 블랙 미니 드레스를 입고 진주 목걸이를 하고 있다.

우리 한국 여성들이 검정색 다음으로 선호하는 색은 갈색 계열이다. 베이지, 브라운, 카키 등의 컬러는 색상 자체가 뿜어내는 은은한 멋스러움과 분위기로 오랫동안 사랑받고 있다. 그런데 갈색 계열 또한 한국 여성에게 잘 어울리는 경우가 극히 드물다. 아무리 멋진 컬러라도 그 옷을 입은 사람과 잘 어울려야 고유의 느낌이 살아난다.

패션 컬러는 개인의 외적 이미지에 지대한 영향을 준다. 그런데 왜 한국 여성들은 다양한 컬러 입기를 두려워할까. 그 이유 중에서 첫째는 컬러의 위력을 잘 모르기 때문이고, 둘째는 자신에게 내재되어 있는 컬러 DNA를 제대로 알지 못하기 때문이다.

개인의 베스트 컬러는 심리에도 영향을 주는데 개인의 컬러 팔레트 중에서 밝은 컬러를 입으면 기분도 한결 밝아지는 식이다. 컬러로 인해 외모가 개선되면 기분이 좋아지고 자신감이 생기는 것은 당연하다. 따라서 자신의 컬러 DNA를 찾아볼 것을 권한다.

내 안의 컬러 DNA 찾기

사람은 저마다 다른 피부색을 지니고 있다. 피부색은 세 가지(카로틴, 헤모글로빈, 멜라닌) 색소의 함량에 따라 좌우된다. 카로틴은 노란색, 헤모글로빈은 빨간색, 멜라닌은 검정색을 띤다. 카로틴 색소가 많은 인종은 황인종, 헤모글로빈 색소가 많은 인종은 백인종, 멜라닌 색소가 많은 인종은 흑인종이다.

피부색이 다르면 어울리는 색상도 다르기 마련이다. 아무리 멋진 색이라도 그 옷을 입는 사람에 따라 어울리지 않을 수도 있다. 이에 따라 '사계절 팔레트 이론'이 정립되었다. 이 이론은 20세기 초, 독일의 화가 요하네스 이텐에 의해 창안되었다. 한 개인의 얼굴색, 눈동자색, 머리카락색 등을 사계절 컬러와 접목시켜 베스트 컬러를 찾아내는 원리다.

개인의 베스트 컬러는 매력적인 패션 연출을 위해 꼭 알아야 할 필요가 있다. 자신의 피부색에 가장 잘 어울리는 패션 컬러를 알기 위해서는 먼저 자신의 계절 컬러부터 알아야 한다. 그리고 어떤 컬러가 어울리는지 알면 평생 세련된 패션 컬러 감각을 발휘할 수 있다.

나는 십수 년 전까지만 해도 사계절 컬러 팔레트 이론을 바탕으로 고객에게 컬러 진단을 해왔다. 그런데 같은 황인종인데도 다양한 피부색을 가진 사람들을 봄, 여름, 가을, 겨울의 4가지 영역으로만 구분하는 것은 무리가 있었다. 그래서 나는 '8가지 컬러 팔레트' 이론으로 좀 더 세부적으로 나누었다. 나아가 복합 계절(한 예로, 여름 사람과 가을 사람의 계절을 동시에 가진 경우)을 가진 사람들을 위해 '12가지 컬러 팔레트' 이론을 정립해 컬러 이미지컨설팅에 접목하고 있다.

궁극적으로 패션 컬러는 얼굴 생김새에 따라서도 달라지는데(이목구비가 강하게 생겼으면 보다 진한 색이 어울린다), 1차적으로는 피부색 진단을 우선으로 하는 것이 원칙이다. 여기서는 간단하게 컬러테스팅의 기본 이론인 사계절 컬러 진단법을 소개하겠다. 당신은 봄, 여름, 가을, 겨울 중 어떤 계절의 사람일까.

아래의 계절에서 자신이 해당되는 피부색과 얼굴 생김새란에 밑줄을 그어보라. 밑줄이 많을수록 그 계절 사람의 성향이 강하다. 만약 봄 사람의 '피부색' 밑줄보다 여름 사람의 '얼굴 생김새'에 밑줄이 많다면 피부색이 우선이므로 당신은 봄 사람 유형이다.

✳ 봄 사람

1. **피부색** 피부색은 맑고 밝은 노란빛을 띤다. 눈동자는 갈색이 많다. 눈빛은 생기가 있다. 피부톤은 투명(핏줄이 비치는 경우)하고 윤기가

난다. 햇볕에 잘 그을리는 편이다. 대체로 머리카락은 갈색을 띠고 윤기가 있다. 주로 몽고인들에게 많다.

2. 얼굴 생김새 얼굴이 온화함, 귀여움, 발랄함, 동안, 따뜻한 인상을 준다. 첫인상에서 호감을 주는 이미지다. 해당 유명인은 이효리, 김혜수 등이다.

3. 어울리는 색 따뜻한 색. 피부색이 밝고 노르스름하면 새싹색, 벚꽃색, 옥색, 산호색 등의 화사하고 부드러운 컬러Warm Image가 어울린다. 피부색이 어둡고 노르스름하면 개나리, 오렌지, 다홍색, 초록색 등의 선명한 컬러Vivid Image가 잘 어울린다.

4. 피해야 할 색 차가운 느낌의 모든 색. 푸른색 계열, 갈색, 흰색, 검정색.

5. 패션 캐주얼 스타일이 대표적이다. 소재는 실크처럼 부드럽고 화사한 것이 좋다. 대체로 공주 스타일이 어울리는 이미지다. 회색과 감청색 등의 비즈니스 슈트를 입어야 할 경우 이너웨어는 봄 컬러의 톱, 블라우스, 선명한 컬러의 스카프 등으로 악센트를 주면 봄 사람의 밝고 생기 있는 매력을 살릴 수 있다. 황금, 호박 등의 주얼리와 노란빛이 느껴지는 액세서리가 어울린다.

✳ 여름 사람

1. 피부색 피부색은 상앗빛을 띠고 뽀얗거나 붉은 기가 돈다. 피부톤은 흰색 파우더를 바른 듯 보송보송하다. 눈매와 눈빛이 비교적 부드럽

매력지수를 높이는 7가지 톱 시크릿

다. 눈동자는 밝은 갈색이 많다. 조금만 수줍어도 얼굴이 잘 빨개진다. 햇볕에 잘 그을리지 않고 빨개지다 말고 원래의 피부색으로 되돌아온다. 대체로 머리카락은 가늘고 밝은 갈색이며 윤기가 없는 편이다. 주로 백인들에게 많다.

2. 얼굴 생김새 얼굴의 느낌이 부드럽고 시원하다. 우아함, 단아함, 지적임, 기품 있는 인상을 준다. 만인에게 호감을 주며 이목구비가 반듯하다. 백인에게서 많은 유형이다. 주위 사람들에게 편안함을 주는 장점이 있어 어디서나 환영 받는 스타일이다. 해당 유명인은 이웅경, 이영애 등이다.

3. 어울리는 색 시원한 색. 피부색이 희고 붉은 톤이면 차가운 색인 파랑에 흰색이 많이 섞인 파스텔 블루(하늘색), 파스텔 핑크, 은색, 비둘기색Elegance Image이 잘 어울린다. 피부색이 어둡고 붉은 톤이면 한지에 어둡게 채색된 수묵화 느낌의 깊은 파스텔 톤과 회색이 섞인 회청색, 암자주색Romantic Image 등이 잘 어울린다.

4. 피해야 할 색 따뜻한 느낌의 모든 색. 강렬한 원색 계열은 피부가 흰 사람에게 튀고 어울리지 않는다. 순백색과 검정색도 너무 강해 어울리지 않는다. 레몬색, 주황색, 밤색 등을 눈여겨보라.

5. 패션 엘리건트 스타일이 대표적이다. 캐주얼 스타일과 매니시 스타일은 우아한 이미지에 오버러스한 느낌을 준다. 옷 소재는 실크, 순모 등의 고급스러운 소재가 여름 사람 고유의 품위를 더해준다. 주

얼리는 화이트 골드, 진주, 산호, 옥 등의 흰색이 섞인 불투명한 보석이 어울린다.

✳ 가을 사람

1. 피부색 피부색은 탁한 노란빛을 띤다. 갈색 파우더를 바른 듯 윤기가 없다. 눈동자는 갈색이 많고 눈매는 포근하고 부드럽다. 머리카락은 푸석푸석한 편이다. 햇볕에 그을리기 쉬워 기미나 잡티 등이 잘 생긴다. 한국인에겐 그리 흔치 않은 이미지다. 주로 중동 사람들에게 많다.

2. 얼굴 생김새 포근함, 차분함, 자연스러움, 부드러움, 분위기 있는 인상을 준다. 해당 유명인은 수애, 최지우 등이다.

3. 어울리는 색 따뜻한 색. 피부색이 밝은 톤이면 따뜻한 느낌을 주는 베이지색, 아몬드색, 벼색Natural Image 등이 잘 어울린다. 피부색이 어두운 톤이면 커피색, 벽돌색, 올리브 그린색, 암녹색의 깊은 클래식 컬러Classic Image가 어울린다.

4. 피해야 할 색 파란색과 핑크색 계열의 모든 차가운 색이다. 튀는 원색 계열과 은색, 순백색, 검정색, 레몬색, 오렌지색, 형광색 등은 가을 사람을 볼품없는 이미지로 바꾸어놓는다.

5. 패션 내추럴 스타일과 컨트리 스타일이 대표적이다. 니트류는 포근한 이미지에 더없이 잘 어울리는 아이템이다. 마나 모직처럼 광택이

없는 자연 소재가 좋다. 면 블라우스나 체크무늬 셔츠를 코듀로이 바지와 매치하면 세련된 캐주얼이 된다. 광택이 도는 샤이닝한 소재는 피할 것. 액세서리는 상아, 나무, 가죽 등 자연 소재가 옷의 스타일과 잘 어울린다.

✳ 겨울 사람

1. **피부색** 피부색은 푸른 기(투명한 피부라 혈관이 비쳐 푸르게 보임)가 있고 어두운 피부가 많다. 누런 피부색으로 혈색이 나빠 보이지만 피부결은 매끈하고 윤기가 돈다. 햇볕에 잘 그을리고 기미와 잡티가 생기기 쉬운 피부 타입이다. 눈동자와 머리카락색은 암갈색이다. 눈빛이 강하며 주로 흑인에게 많다.

2. **얼굴 생김새** 차가움, 도시적임, 강함, 딱딱한 인상으로 처음 보는 사람에게 호감을 주지 못한다. 강렬한 개성으로 상대의 기억에 오래 남는 장점이 있다. 눈의 흰자위가 푸른빛이 돌 정도로 희며 눈매가 강하다. 유명인은 김남주, 백지연, 슈퍼모델 이소라 등이다.

3. **어울리는 색** 순수한 파란색, 선명한 핑크색, 흰색, 검정색, 감색(네이비 블루), 체리 핑크 등 맑고 차가운 색Cool Image이다. 피부색이 밝은 사람은 핑크 계열과 '감청색 & 화이트' 배색이, 어두운 피부는 '블랙 & 화이트' 배색Dynamic Image이 베스트다.

4. **피해야 할 색** 따뜻하고 탁한 느낌의 모든 색이다. 베이지색, 밤색, 오

렌지색, 다홍색, 개나리색 등은 혈색이 나빠 보여 얼굴을 더 누렇게 떠 보이게 한다.

5. 패션 매니시 스타일과 드라마틱 스타일이 대표적이다. 내추럴하고 캐주얼한 스타일은 깔끔한 겨울 이미지와는 동떨어진다. 소매를 강조한 흰색 블라우스 위에 가는 검정색 에나멜 벨트로 허리를 강조하고 타이트스커트를 입으면 멋스럽다. 하늘거리는 시폰 소재보다는 소재감이 있는 라이크라 등이 시크하다. 주얼리는 차가운 느낌의 화이트 골드, 다이아몬드 등이 어울리며 주석 같은 금속성 액세서리가 잘 어울린다.

스타일리시한 여자의 5가지 패션 공식

첫째, 패션을 즐겨라

자신을 알면 패션이 보인다. 얼굴의 이미지가 부드러운지, 강한지 아는 것이 기본이다. 피부색에 어울리는 컬러도 알아야 한다. 자기 체형의 장단점을 정확하게 파악하자. 그러면 자신에게 잘 어울리는 스타일과 소재를 알 수 있고 체형의 결점을 센스 있게 커버할 수 있다. 예를 들면 'O'형 다리라면 미니스커트보다는 샤넬 라인(무릎 길이)의 스커트나 일자바지를 입는 것이 좋다.

대개 소극적인 여성일수록 자신의 스타일이 바뀌는 것을 두려워한다. 그런 여성이 시크하고 매력적이라면 다행이지만 자의든 타의든 패션의 한 가지 틀에 갇히게 되는 경우가 많다. 스타일을 조금씩 다양하게 입어보면 어느새 옷 입는 것을 즐기게 된다. 스카프 등의 소품을 활용하는 것부터 시작해보면 패션이 재미있어진다.

먼저 청바지 하나라도 멋지게 입어보자. 청바지는 체형에 맞는 피트Fit가 생명이다. 똑같은 청바지도 어떻게 연출하느냐에 따라 그 느낌은 확연히 다르다. 활동적인 이미지, 청순한 이미지, 섹시한 이미지 등 다양한 매력을 표현할 수 있다. 이렇게 다양한 이미지로 연출 가능한 청바지부터 즐겨보면 어떨까 싶다. 청바지가 지니는 미묘한 차이를 마스터하고 나면 그 다음은 다양한 변주가 가능한 화이트 셔츠에 도전하는 식으로 말이다.

둘째, 유행 아이템에 연연하지 마라

예나 지금이나 유행의 힘은 대단하다. 그렇다면 유행은 어느 정도까지 받아들여야 할까. 유행 아이템은 드라마에 나오는 배우나 가수 등 연예인들의 스타일에서 시작되는 경우가 대부분이다. 그런데 무조건 유행을 따르다 보면 자신에게 어울리지도 않는 우스꽝스러운 연출을 할 수도 있다. 최근 인기를 끌었던 드라마의 여주인공은 발랄한 여대생의 연기를 펼칠 때 '퍼 레그워머Fur Leg Warmer'를 하고 출연했다. 하지만 발목에 위치한 퍼의 부피감으로 그녀가 걸음을 걸을 때 양 무릎이

10cm 이상 떨어져 보였다. 마치 타조가 걷는 것처럼 어색했던 것이다. 그녀가 앙드레 김의 패션쇼에서 보여주었던 우아한 이미지와는 상반되었다. 나는 그 장면을 보면서 그 스타일을 제안한 코디네이터나 아무런 필터링도 없이 받아들인 여배우의 패션 감각에 고개를 갸우뚱했다. 그들은 매력의 균형 법칙을 무시했던 것이다. 나는 그녀가 신은 퍼레그워머가 유행하지 않기를 바란다. 많은 여성이 그 신발을 신고 타조처럼 거리를 활보하는 모습은 상상도 하기 싫다.

자신의 스타일을 아는 여성은 어떤 스타일이 유행하더라도 자신에게 어울리지 않는다면 절대 받아들이지 않는다. 매력 있는 여자는 스테디한 아이템과 트렌디한 아이템을 적절하게 섞어 자신만의 패션 코드를 만들어낸다. 개성이 드러나면서도 사회 정서를 거스르지 않는 균형 잡힌 패션이야말로 가장 이상적인 패션 코드가 아닐까.

셋째, 패션을 벤치마킹하라

스타일리시한 스타 또는 유명인 중에서 자신의 이미지와 비슷한 사람을 패션의 롤 모델로 삼는 것도 좋은 방법이다. 자신과 닮은 롤 모델은 스스로를 탐구하거나 주변 사람들의 평으로 찾을 수 있다. 당신이 어떤 유명인과 닮았다거나 분위기가 비슷하다는 말을 들었다면 벤치마킹할 만한 대상자는 쉽게 알 수 있다.

패셔니스타로 알려진 변정수, 이혜영, 김민희, 려원의 패션을 유심히 관찰해보자. 그녀들이 입은 시크한 스타일은 누가 입어도 매력적이다. 안젤리나 졸리(겨울 사람)는 드레스든, 평상복이든 심플한 스타일을 선호하기 때문에 패셔니스타로 유명하다.

한때 TV 드라마 〈파스타〉의 여주인공 공효진의 패션이 인기를 끌었다. 이유는 일반 여성들이 따라 입어도 될 만한 스타일이었기 때문이다. 그녀는 이탤리언 레스토랑의 초보 요리사라는 캐릭터에 걸맞은 스타일을 연출했다. 그녀의 얼굴이 공주과가 아닌 것도 일반 여성에게 편하게 다가왔다. 그녀는 드라마뿐만 아니라 옷 잘 입는 배우로도 손꼽히는데, 드라마의 역할에 맞춰 편안하면서도 자신만의 개성이 한껏 드러난 스타일을 선호한다. 이처럼 배우로서의 기본에 충실한 프로페셔널한 정신이 그녀를 더욱 돋보이게 했다. 그녀는 드라마에서 그녀 특유의 매력이 묻어나는 빈티지 레이어드 룩을 통해 드라마의 캐릭터에 어울리는 매력을 발산했다.

넷째, 자신만의 스타일을 찾아라

스타일리시한 여성을 벤치마킹했다면, 그 다음에는 액세서리 등의 소품으로 자기만의 스타일을 만들어야 한다. 사람들이 당신만의 스타일을 떠올릴 수 있다면 성공이다. 당신의 유니크함을 대변해주는 스타일을 찾아야 한다.

미국 최초의 여성 국무 장관인 올브라이트 장관은 브로치 외교로 이미지 메이킹했던 여성 정치인이다. 이라크 언론이 그녀를 가리켜 '뱀'이라고 말했다는 후세인의 말이 기사화되자 '그래 나는 뱀이다! 어쩔래?'라는 의미로 뱀을 모티브로 한 브로치를 재킷의 왼쪽 어깨에 달고 CNN 방송에 출연한 것은 유명한 일화이다. 그 이후부터 그녀는 자신의 생각을 브로치로 표현하기 시작했다. 미국을 강조하고 싶을 때는 독수리 브로치를, 상대를 쏘아주고 싶을 때는 벌 브로치를, 기분이 좋은 만남에서는 꽃이나 나비를 다는 식으로 200여 개의 브로치를 활용했다. 브로치는 그녀에게 자기 암시의 수단으로 사용되었지만 그녀를 매력적으로 업그레이드해주는 도구이기도 했다. 브로치는 그녀의 뚱뚱한 뱃살에서 시선을 어깨 쪽으로 분산시켜주는 고도의 계산된 패션 아이템이었다. 그녀는 아름다운 외모도 젊음도 갖추지 못했지만, 작은 소품인 브로치로 자신의 매력을 어필하는 데 성공했다.

그녀처럼 패션을 강력한 의사 전달의 도구로 사용하는 우리의 여성 정치인도 있다. 부드러운 카리스마의 여성 정치인 박근혜 대표는 자신의 강한 의지와 결단을 드러내고 싶을 때는 바지 정장을 입는다. 그래서 주변의 정치인들과 기자들은 그녀의 옷차림새로 그날의 의중을 짐작할 수 있다고 한다. 그녀 또한 자신만의 뚜렷한 스타일을 지닌 중견 여성 정치인이다.

다섯째, 상황에 맞게 입어라

자신의 피부색과 체형에 어울리는 스타일이라도 상황에 맞지 않는 옷이라면 워스트 드레서가 된다. 단순히 옷 하나로 사회성이 결여된 여성으로 비치면 곤란하다. 그날의 상황과 패션 코드가 맞지 않으면 하루 종일 옷 때문에 스트레스를 받을 수도 있다. 오늘 소개팅이 있다면 어떤 옷을 입어야 할까. 또 고객과의 미팅 때는 어떤 스타일이 적당할까.

많은 여성들이 선호하는 오피스 룩은 크게 정장과 비즈니스 캐주얼로 나뉜다. 정장은 격식을 차리거나 고객과 미팅이 있을 때 입는데 간결한 정장은 마음까지도 프로페셔널해지는 느낌이다. 슈트는 검정색이 기본이지만 검정색 슈트는 자신이 의도하지 않았던 분위기를 내기도 하며 때로는 인상을 칙칙하고 둔해 보이게 만든다.

정장은 커리어우먼의 이미지를 연출하는 데 최고의 아이템이다. 따라서 검정색, 감청색, 회색 등 베이식한 슈트를 기본으로 갖추고 있으면 옷 입기가 훨씬 즐거워진다. 슈트는 소재에 따라 느낌이 천차만별인데 일반적으로 고급스러운 분위기를 자아내는 울 소재가 무난하다. 정장을 맵시 있게 연출하려면 몸에 제대로 피팅되는지의 여부를 살펴야 한다. 옷의 품이 지나치게 크거나 소매가 너무 길면 어정쩡해지므로 피하도록 한다. 또 하나, 슈트는 무엇보다 테일러링이 중요하다. 흔히 똑떨어진다는 표현처럼 바느질이 정교하고 품위를 살릴 수 있는 제품을 고르는 안목이 필요하다.

기본 정장을 갖추었으면 이제는 재킷 안에 받쳐 입는 이너웨어의 선택이 관건이다. 이너웨어로는 블라우스, 셔츠, 슬리브리스 톱 등이 있는데 흰색 블라우스는 정장에 받쳐 입기에 가장 무난하다. 블라우스는 체형이 작거나 여성스러운 얼굴형에 잘 어울린다. 셔츠 스타일은 매니시한 분위기를 연출하기에 좋다.

이너웨어의 컬러는 흰색 및 검정색의 한 가지만 고집하지 말고 파스텔 톤을 중심으로 다양하게 갖추면 옷 입을 때 자유로운 연출이 가능하다. 이처럼 기본 정장과 이너웨어만 몇 벌 갖추어도 '오늘은 뭘 입을까?' 하는 걱정으로부터 자유로울 수 있다.

특히 검정색의 캐주얼 재킷은 활용도가 높은데 직장의 분위기가 보수적이지 않다면 청바지나 시폰 스커트와 매치해도 좋다. 휴일에는 베이식한 흰색 쇼트팬츠에 핑크나 블루 계열의 굵은 스트라이프 셔츠를 입고 감청색 재킷을 걸치면 세련된 도시 여성의 이미지를 연출하기에 충분하다.

표정Face;
미소가 아름다운 여자

얼굴 생김새와 상관없이 환하게 웃는 여자에게 끌리기 마련이다. 그런데 표정이 매력적인 여자를 만나기가 그리 쉽지 않다. 최근에는 여성들의 표정이 많이 밝아졌지만 여전히 길을 가다 보면 무표정하거나 굳은 얼굴이 너무 많다. 그녀들은 표정이 첫인상을 결정짓는 데 중요한 메커니즘이라는 사실을 알고 있을까. 언젠가 인터넷에서 표정과 관련하여 가슴을 울리는 글('좋은 글' 중에서, 글쓴이 미상)을 읽은 적이 있다.

"잘생긴 사람은 가만있어도 잘나 보인다. 그러나 못생긴 사람은 가만있는 것만으로도 인상파로 보이기 십상이다. 너는 '살아 있는 미소'로 누군가에게 기쁨을 전하는 메신저가 돼라. 표정을 잃게 되면 마음마저 어둠에 갇힌다는 말이 있듯 네 마음에 지옥을 드리우지 말라. 네가 네게 가장 먼저 미소 지어주는 그런 사람이 돼라."

표정이 중요한 이유가 단 몇 줄 안에 명확히 담겨 있다.

표정이 첫인상을 좌우한다

첫인상에서 표정이 뚱해 있는 여성들을 보면 정말 답답하다. 소통이 안 되는 꽉 막힌 여자로 보이기 십상이다. 한번은 어떤 여교수가 내게 표정 컨설팅을 받으러 왔다. 그녀는 자신의 표정에 불만인 딸의 권유로 나를 찾아왔다고 했다. 그녀는 각진 얼굴형이긴 했지만 지적인 이미지였다.

"제가 우울하거나 뭔가 불만이 있는 것도 아닌데 왜 제 얼굴이 무뚝뚝해 보일까요?"

그녀의 입꼬리가 아래로 향한 것이 눈에 띄었다.

"교수님의 얼굴 골격과 근육이 뚱한 느낌을 줄 수밖에 없어요. 얼굴의 하관이 넓으면 턱 주변 근육이 발달하여 입꼬리 근육(소근)을 아래로 잡아당기기 때문이죠. 방법은 한 가지뿐인데, 의도적으로 입꼬리를 올리는 연습을 하는 거죠. 입꼬리는 자신의 의지에 따라 얼마든지 올라가거든요."

나는 그녀에게 입꼬리를 올리는 표정을 훈련시켰다. 금세 그녀의 입꼬리가 신기하게 올라갔다. 그녀는 자신의 얼굴에 미소가 드리워진 사진을 보고 무척 만족해했다.

이번에는 어머니의 권유로 대학 졸업반인 딸이 표정 컨설팅을 받으러 온 사례를 들어보자. 그녀의 어머니는 딸의 냉랭하고 굳은 얼굴이 항상 눈에 걸렸다. 딸이 간호대학을 졸업하고 종합병원의 인턴사원으로 입사하게 되었는데, 2주간의 인턴 근무를 끝내면 취업의 여부가 결정되기에 마음이 급해졌다.

딸의 첫인상은 예상했던 대로 딱딱하고 굳어 있었다. 패션 화보에서나 볼 법한 무표정한 얼굴을 한 모델의 회색 분위기가 드리워져 있었다. 얼굴은 길고 갸름한 형인데 각진 턱이 더욱 차가워 보였다. 그녀가 인턴으로 근무하게 되는 병원은 부드러운 인상을 중시하는 분위기였다. 나는 그녀가 연구소 메일로 보내준 사진을 보면서 물었다.

"이 사진들을 보세요. 모두 하나같이 입을 다문 채 어색하게 웃고 있지요? 본인은 웃으려고 하지만 웃을까, 말까 어정쩡하게 웃는 표정이에요. 치아가 가지런한데도 왜 이를 드러내고 활짝 웃지 않아요?"

"사실은 고등학교 때 친구들이 제가 이를 드러내고 웃으면 예쁘지 않다고 했어요. 그때부터 웃는 게 어색해졌어요."

그녀는 아무런 근거도 없는 고정관념으로 차갑고 굳은 표정의 틀에 갇혀 있었던 것이다. 나는 그녀처럼 표정이 굳은 여성들을 가리켜 '표정 강박증'에 걸렸다고 말한다.

그녀의 표정을 개선하는 훈련은 쉽지 않았다. 무려 1시간이 지나고 나서야 밝고 환한 표정 사진을 한 컷 얻을 수 있었다. 나는 그녀가 지을 수 있는 최상의 표정 연출 사진을 크게 확대하여 그녀의 책상 위에, 침대 머리맡에, 눈에 자주 띄는 장소에 붙여놓고 미소 지을 것을 주문했다. 그리고 환자들을 응대하는 표정과 대화법, 의사와 선배 간호사들을 대할 때의 자세 등의 스킬을 집중적으로 다루었다. 그녀는 절실한 상황인 만큼 열심히 따라주었다. 그리고 얼마 후 그녀로부터 정식 간호사가 되었다는 피드백을 받았다.

그런데 밝게 미소 짓고 싶지만 웃음이 나와도 활짝 웃지 못하는 여성들이 있다. 치열이 고르지 못하거나, 덧니가 있거나, 뻐드렁니가 심하거나, 치아가 누런 여성들이다. 그녀들은 웃을 때 손으로 입을 가리는 등 활짝 웃는 표정에서 자유롭지 못하다. 심지어 말할 때도 상대에게 치아가 보일까봐 말수를 줄이기도 한다. 그러다 보니 발음이 점점 부정확해지고 소극적이고 자신감이 없는 여성으로 비친다. 나는 그런 여성들에게는 치아 교정을 적극 추천한다. 치아 때문에 평생 남들 앞에서 환한 미소도 짓지 못하고 말하는 것도 부자유스럽다면 차라리 교정을 하는 편이 낫다.

과거에는 덧니를 매력 포인트로 여기기도 했지만 덧니도 덧니 나름이다. 언젠가 덧니가 불만인 20대 여성을 만난 적이 있다. 그녀의 덧니는 치아 끝이 송곳처럼 뾰족하여 마귀할멈이 연상되었다. 나는 그녀에게 치아 교정을 권했는데 그녀는 정작 자신의 덧니를 매력 포인트로 여긴다고 해서 당황했던 적이 있다. 모든 것이 본인의 판단이겠지만 최근에는 덧니를 교정하는 것이 선호되고 있다. 그런데 치아 교정을 할 때는 실력 있는 좋은 치과를 선택하는 것도 매우 중요하다. 교정을 했는데 그 결과가 만족스럽지 않은 경우도 있기 때문이다.

웃을 때 잇몸이 많이 보여 신경을 쓰는 여성들도 있다. 그녀들은 파안대소할 때 잇몸이 많이 보여 손으로 입을 가리기도 한다. 한 유명 여성 앵커는 인중이 짧은 편으로 크게 웃을 때 잇몸이 많이 보여서 토크쇼 등에 출연해서 크게 웃어야 할 때 항상 손으로 입을 가린다. 그런 그녀의 철저한 관리로 사람들은 그녀가 웃을 때 잇몸이 많이 보인다는 사실을 잘 모른다. 그녀는 표정 관리에서도 자신의 단점을 커버할 줄 아는 총체적인 이미지 메이커다. 반면에 이숙영 아나운서는 잇몸이 보여도 그것에 개의치 않고 활짝 웃곤 한다. 그래서 그녀의 이미지는 환하고 밝다.

나는 가끔씩 잇몸이 보여도 활짝 웃어야 할지, 손으로 입을 가리고 웃어야 할지를 고민하는 질문을 받는다. 나는 그럴 때마다 표정은 선택이므로 개인이 판단할 문제라고 대답한다.

매력 있는 여자는 구취 관리에도 철저해야 한다. 구취는 상대에게 불쾌감을 준다. 장이 좋지 않거나 구강 내에 염증이 있을 때는 근본적인 치료가 필요하다. 대개는 식후에 이를 닦는 것 외에도 구강청결제로 가글하면 효과적이다. 구강청결제는 구내염과 감기를 예방해주기도 해 현대 여성의 필수 휴대품이기도 하다. 또한 치실과 치간 칫솔을 사용하면 청결한 구강을 유지할 수 있다.

표정은 연습을 통해 다듬어진다

우리의 얼굴은 타고나지만 표정은 자신의 선택에 달려 있다. 모든 사람의 얼굴에는 표정 DNA가 있다. 그래서 표정은 진화와 퇴화를 하는 속성이 있다. 표정은 이성에 관심을 갖게 되는 연령부터 외부적인 요소(환경, 직업 등)에 의해 영향을 받는다.

의식적으로라도 미소를 지으면 점점 밝고 부드러운 표정으로 진화하고, 반대의 경우엔 점점 어둡고 딱딱한 표정으로 퇴화한다. 즉, 표정 근육을 많이 사용할수록 표정에 진화가 이루어지고 반대인 경우엔 표정이 퇴화된다. 특히 연예인들의 표정은 진화가 빠르다. 이효리의 하회탈 얼굴, 옥주현의 화사한 미소, 가수 보아의 세련된 미소는 언제 봐도 아름답다. 그녀들이 인기를 끄는 이유 중 하나는 매력적인 표정 때문이다. 그녀들은 대중을 늘 의식해야 하므로 표정이 다듬어지고 매력적으로 변하는데, 이는 타고났다기보다 후천적으로 만들어진 요소가 더 크다.

백지연 앵커의 표정은 지금도 진화하고 있다. 그녀는 지적이고 시크한 커리어우먼으로 '쿨 이미지Cool Image'를 가졌다. 그녀의 이미지는 아나운서 특유의 정형화된 차가운 이미지라는 '선택적' 요소와 외모적으로 타고난 '겨울 사람'과 내성적인 성품이라는 '비선택적' 요소에 의해 만들어졌다. 그런 그녀가 유명 인사와 대담하는 프로그램을 진행하면서 표정이 따뜻하고 다양해지고 있는 것이다. 그녀는 게스트와 대화를 나누면서 애써 따뜻하게 대응하는 표정을 연출해 보였다. 게스트를 쳐다보며 눈을 살짝 크게 떠서 반응하는 식으로 표정이 한결 풍부해졌다. 자신의 이미지가 차갑다는 것을 알고 따뜻하고 다양한 표정을 짓기 위해 노력하는 모습이 역력했다. 국내 최고의 앵커임에도 자신의 단점을 보완하려는 그녀의 의지가 돋보였다. 그녀를 통해 표정 DNA는 자신의 의지에 따라 얼마든지 개발할 수 있다는 것을 알 수 있다.

표정으로 최상의 형태는 웃는 얼굴의 하회탈이다. 하회탈 모양의 눈매와 입매는 선천적으로 타고나기도 하지만 후천적으로 만들 수 있다.

그런데 인간의 감정이 담긴 눈의 표정은 개인의 의지에 따라 변화할 수 없는 한계가 있다. 눈은 '마음(영혼)의 창'이라고 하듯 그 사람의 내면을 겉으로 투사시키는 신비한 메커니즘이다. 아리따운 얼굴을 가졌던 정다빈의 표정은 하회탈의 표본이었다. 그런데 그녀의 하회탈 얼굴 속에 박힌 '어두운 영'은 눈빛 표정에서 고스란히 배어났다.

고백하건데, 나 또한 지금은 하회탈의 얼굴을 갖게 되었지만 눈(마음)의 표정 때문에 한동안 딜레마에 빠진 적이 있었다. 나는 서른 살이 되기 전까지만 해도 웃는 얼굴이 매력적이라는 말을 단 한 번도 들어본 적이 없었다. 나는 20년 전 이미지컨설턴트로 일하기 시작하면서 내 표정을 점점 진화시켰다. 초창기 때는 '스마일 연출법'으로 양 입꼬리가 위로 향하고 눈매도 반달 모양처럼 만들어졌다. 하회탈 표정의 껍데기(눈매와 입매)를 만드는 것은 그리 오래 걸리지 않았다. 하지만 눈빛 표정은 내 의지대로 따라주지 않았다. 내 안의 부정적인 감정이 눈에 드러나지 않도록 하기 위해 안간힘을 썼다. 마인드컨트롤, 심리학 관련 서적을 읽고 적용하면 눈의 표정도 변화시킬 수 있을 것 같다. 그럼에도 내 눈빛 표정에는 변화가 일어나지 않았다. 그때 나는 내면을 담은 그릇인 눈의 표정은 절대로 감출 수 없다는 것을 깨달았다. 이 점에 관해서는 3년 전, 내가 두란노 출판사에서 출간한 책 〈행복한 크리스천에겐 표정이 있다〉의 몇 구절을 인용하고 싶다.

"나는 겉모습과는 다른 내면을 가지고 있었다. 스스로 감정 조절을 잘 못하여 내면의 감정을 얼굴에 그대로 드러내기도 했다. (중략) 인간이 의지적으로 연출할 수 있는 표정으로는 하회탈이 최상이다. 위로 올라간 입매와 아래로 내려간 눈매가 가장 호감을 준다. 그러나 입매와 눈매에는 큰 차이가 있다. 입매는 우리의 의지에 따라 변화시킬 수 있지만 눈매는 우리의 영혼에 의해 지배받는다."

내면의 표정은 오롯이 개인의 몫이다. 가족이나 종교, 혹은 자신을

매력지수를 높이는 7가지 톱 시크릿

행복하게 하는 여러 요소들을 통해 내면에 기쁨이 생성되어야 하고, 그것이 외면으로 드러나야 진정 아름다운 표정이 만들어진다.

하회탈 표정 만들기

하회탈 표정은 입꼬리가 올라가고 눈매는 내려간 형태다. 말 그대로 하회탈의 형상이다. 이 표정은 개인의 선택에 따라 얼마든지 연출이 가능한데 하회탈을 떠올리면서 웃는 습관을 훈련하면 된다. 나는 연구소 직원들과 많은 후배들의 얼굴이 하회탈 표정으로 변하는 것을 수없이 보아왔다. 출근해서 일하고 퇴근할 때까지 하회탈 표정을 의식하는 것이 비결이다. 그들에겐 하회탈 표정이 배어 있다.

먼저 입꼬리가 올라가게 하는 가장 간단한 입매 연출법에 대해 알아보자. '위스키, 와이키키' 발성법이다. 위스키, 와이키키라고 소리를 낼 때, 발음을 정확하게 하는 것이 키포인트다. 발음이 정확하지 않으면 효과가 떨어진다. 위스키의 '위' 발음은 '우+이'의 복모음이다. 앞모음의 '우'라고 발음한 다음, 오므려진 입 모양에서 바로 '위'라고 소리 낸다. 즉 '우'한 상태에서 '위스키'라고 소리 낸다. 와이키키의 '와' 발음은 '오+아'의 복모음이다. 앞모음의 '오'라고 발음한 다음, 바로 '와'라고 소리 낸다. 즉 '오'한 상태에서 '와이키키'라고 소리 낸다. 특히 와이키키 발성은 입꼬리를 확실히 올려주는 '키' 발음이 한 번 더 반복되므로 의식해서 발성하면 매우 효과적이다.

시간이 나거나 운전 혹은 가사일을 하면서 '위스키, 와이키키' 발성으로 매일매일 연습해보라. 주변을 의식하여 소리를 낼 수 없는 상황이라면 입 모양(발음)만 '위스키, 와이키키'라고 해도 괜찮다. 단, 입 모양을 정확하게 내야 효과를 볼 수 있다. 2개월 정도만 연습해도 입꼬리 근육(소근)이 발달하기 시작하여 입매가 만들어질 것이다.

웃는 얼굴을 만드는 가장 확실한 방법은 웃음을 습관화하는 것이다. 인사하는 습관부터 바꿔보자. '안녕하세요?'라는 인사말을 건넬 때 의식적으로 웃으면서 인사하자. 직장에서 일할 때나 일상에서나 작은 미소보다는 큰 미소를 지어라. 웃음이 몸에 밸 정도가 되면 당신의 표정은 어느새 매력적으로 변해 있을 것이다.

1차 표정 훈련: '하회탈 입매' 만들기

① 거울 앞에서 양손의 검지 끝으로 양 입꼬리 좌우를 지그시 누른다.
② 15도 정도 위쪽 귀 방향으로 올려준다.
③ 마음속으로 다섯을 세고 손가락을 뗀다.
④ 입매 근육이 형상을 기억하여 스마일 라인을 유지하는 모습을 직접 확인할 수 있다.

2차 표정 훈련: '하회탈 눈매와 입매' 만들기

① 양손을 펴서 손바닥이 마주보도록 향하게 한다.

② 양손의 검지 끝으로 양 눈매를 지그시 누르는 느낌으로 15도 가량 아래로 내린다.

③ 양손의 엄지손가락 끝으로 입꼬리에 대고 15도 가량 위쪽 방향으로 지그시 누르는 느낌으로 올려준다(이때 양손의 엄지와 검지는 광대뼈 주위를 살짝 쥐는 모양새다).

④ 마음속으로 다섯을 센 후 손가락을 뗀다.

⑤ 입매와 눈매 근육이 형상을 기억하여 스마일 라인을 유지하는 모습을 직접 확인할 수 있다.

메이크업 Make up;
화장을 잘하는 여자

"**화**장을 안 하거나 화장을 못하는 여자는 바보다!"

할리우드 스타 샤론 스톤의 굴욕이라는 제목을 단 인터넷 사진을
보고 떠오른 내 생각이다. 그녀의 화장한 얼굴과 화장 안 한 얼굴은
하늘과 땅만큼이나 차이가 컸다. 샤론 스톤은 지적인, 우아한, 세련된,
당당한, 섹시한 이미지를 가진 매력적인 배우다. 하지만 이런 이미지는
'화장을 한 경우!'라는 단서가 붙을 때만 가능하다.

메이크업은 매직이다. 못생긴 얼굴을 예쁘게, 깜찍하게, 우아하게,
분위기 있게, 섹시하게 만들어줘 매력적인 얼굴로 변화시키는 마술이
다. 오죽하면 화장발이라는 말이 있을까. 그만큼 화장한 얼굴과 화장
하지 않은 얼굴은 분위기가 다르다는 말이다.

매력지수를 높이는 7가지 톱 시크릿

화장은 마술이다

깔끔하게 정리된 눈썹, 핑크 오렌지 아이섀도로 은은하게 표현한 눈매, 핑크 계열 립스틱과 촉촉한 립글로스로 단아한 입술을 한 여자는 같은 여자가 봐도 매력적이다.

메이크업은 퍼스널 아이덴티티 중에서 가장 짧은 시간에 매력 있는 여자로 변화할 수 있는 대표 요소다. 그런데 많은 여성들이 화장을 하지 않거나 아무렇게나 하고 다닌다. 그녀들은 매력 있는 여자가 되기를 스스로 포기한 것 같다. 그런 여성을 볼 때마다 나로서는 절대 이해가 안 된다. 아무리 못생겼어도 화장을 잘하면 한결 매력적인 여성이 되기 때문이다. 피부 화장으로 어둡고 얼룩진 피부를 한결 밝고 고르게, 눈 화장으로 작고 흐릿한 눈매를 크고 또렷하게, 입술 화장으로 혈색을 건강하게, 그리고 균형 잡히지 않은 이목구비의 비율을 완화시켜 주며 푸석해 보이는 얼굴에 생기를 불어넣는다.

외모를 업그레이드하는 차원으로 볼 때, 여성이 화장을 할 수 있다는 것은 축복이다. 매력 차원에서 화장을 할 수 없는 남성보다 백 배 유리하다. 물론 최근에는 연예인들을 중심으로 화장에 관심을 갖는 남성들도 증가하고 있지만 남성이 메이크업으로 매력을 발산하기엔 한계가 있다. 하지만 여성인데도 메이크업이라는 매력 수혜(?)를 누리지 못하는 여성들을 볼 때마다 안타깝다. 그런데 눈썹 하나 제대로 그리지 못하는 여성들이 수두룩하다.

언젠가 평범한 주부(35세)가 이미지컨설팅을 받으러 왔다. 화장기 없는 그녀의 얼굴에서 지루하고 밋밋한 느낌이 묻어났다. 나는 그녀에게 화장을 왜 안 하냐고 물었다.

"남편이 화장하는 것보다 쌩얼이 예쁘다고 화장하지 말라고 해서요."

내가 보기에 그녀의 쌩얼은 결코 예뻐 보이지 않았다. 장담컨대, 이세상에서 화장을 잘한 얼굴보다 맨얼굴이 매력적인 여성은 단 한 사람도 없다. '화장을 잘한다면'이라는 단서가 붙을 경우에 한해서 말이다.

"그건요, 아내가 화장을 어색하게 하니까 차라리 안 하는 게 낫다는 말이 아닐까요?"

그녀는 눈을 아래로 내리깔고 잠시 생각하다가 그런 것도 같다고 동의했다. 그녀는 총체적인 이미지컨설팅을 받았지만, 주로 메이크업 컨트롤을 집중적으로 받았다. 그녀는 거울 속에 비친 자신의 매력적인 얼굴을 바라보며 기뻐했다.

어떻게 하면 화장을 잘할 수 있을까

어떻게 하면 화장 잘하는 여자가 될 수 있을까.

첫째, 자신의 얼굴을 탐구한다. 얼굴형과 이목구비의 장단점이 무언지 정확히 파악한다. 나는 이미지컨설팅을 하면서 자기 얼굴의 매력 포인트가 무엇이고 단점이 무엇인지도 잘 모르는 여성이 의외로 많음에 의아한 적이 많았다. 자신의 눈이 짝눈인 것도, 코가 약간 비뚤어진 것도, 턱이 비대칭이라는 것도 모르니 말이다. 어떤 여성은 매력적인 이목구비를 매력이 없다며 속상해하는 경우도 있고 별로 매력적이지 않은데도 매력이 있다고 생각하는 여성들도 있다. 이제부터라도 자신의 얼굴에 관심을 가져라. 얼굴 생김새의 비율과 균형은 어떤지, 어디가 강점이고 약점인지 알아야 한다. 많은 여성이 매력적인 여배우를 마냥 부러워하면서 그녀들이 왜 예뻐 보이는지 그 이유에 대해서는 관심을 기울이지 않는다.

둘째, 자신만의 메이크업 기법을 개발한다. 먼저 화장 잘하는 여자들을 벤치마킹해보자. 인터넷, TV, 영화, 잡지 등 화장을 잘한 여성들은 주변에 널려 있다. 특히 인터넷은 편리하게 화장법을 배울 수 있는 기회를 제공한다. 메이크업에 관심을 가지면 어떻게 표현하는지가 보인다. 최상의 화장법을 개발했다면 그대로 유지시켜라.

내 화장법은 20년 전이나 지금이나 똑같다. 따라서 메이크업은 얼굴의 장단점을 파악하고 연출하는 것이 기본이다. 대개 큰 눈은 장점이다. 눈이 크면 검정색 아이라인을 그리지 말고 마스카라만 바르면 깔끔하고 청순해 보인다. 작은 눈은 단점이다. 눈이 작으면 검정색의 아이라인을 그려주고 인조 속눈썹까지 자연스럽게 붙인다면 매력 있는 눈매로 표현할 수 있다. 눈을 강조할 것인지, 입술을 강조할 것인지, 눈과 입술을 모두 강조할 것인지 각자의 생김새와 상황에 따라 화장법은 달라지기 마련이다.

자기 고유의 이미지를 강조하는 화장법도 있다. 피부색이 밝고 얼굴의 생김새가 귀엽고 발랄한 '봄 사람'의 이미지라면 눈을 둥글게 하고 핑크색 계열의 립스틱을 바르고 핑크색의 볼 화장으로 고유의 화사한 이미지를 강조하는 식이다. 그리고 우아하고 지적인 '여름 사람'의 이미지, 분위기 있고 차분한 '가을 사람'의 이미지, 차갑고 도시적인 '겨울 사람'의 이미지도 메이크업으로 자기 고유의 개성을 표현해낼 수 있어야 한다. 결론적으로 매력 있는 여자로 만들어주는 화장법은 '균형의 법칙'을 적용시켜 자신의 이목구비와 잘 어울려야 한다. 자기만의 최상의 화장법을 연출하지 못한다면 전문가의 도움을 받아서라도 메이크업 테크닉을 꼭 익히자.

셋째, 유행 메이크업을 따르지 말라. 자기 고유의 이미지와는 상관없이 무조건 유행 메이크업을 따르면 곤란하다. 화장품 모델과 같은 화장품을 쓰면 그녀와 비슷해 보일 거라는 착각에 빠지지 말아야 한다. 한 시즌의 유행 메이크업이라도 그 스타일이 자신의 얼굴 이미지에 어울리지 않으면 적용하지 말아야 한다. 한 예로 눈 밑 지방이 불룩한 여성이 탤런트 김원희의 바비인형 화장법(눈 밑에 바른 펄 아이섀도)을 따라 한다면 어떻게 되겠는가. 눈 밑 지방이 도드라져 단점만 더 강조될 뿐이다.

넷째, 메이크업 도구를 갖춰야 한다. 자신의 얼굴을 가장 매력적으로 만들어줄 메이크업 도구를 갖추는 것은 기본이다. 과거에 비해 시중에 다양한 메이크업 제품이 범람하고 있지만, 자신에게 꼭 필요한 제품 외에는 구입하지 마라. 이상형의 연예인이 모델로 나온 화장품 제품이라고 해서 충동구매하지 마라. 최소한의 브러시 세트(아이섀도용 2~3가지, 볼 화장용 1~2가지, 립 브러시 1~2가지)는 기본이다. 비비크림과 파운데이션, 페이스 파우더 그리고 눈 화장을 위한 아이섀도 세트와 두세 개의 립스틱 정도만 있어도 얼마든지 매력적인 화장을 할 수 있다. 그리고 이전에 구입한 색조 화장품 중에서 당신을 매력적으로 가꾸어주지 못하는 것들은 과감히 쓰레기통으로 버려라. 어울리지 않는 색조 화장품과 지나치게 펄이 많이 들어간 메이크업 제품은 당신을 매력적으로 표현해주지 못한다. 당신의 얼굴을 가장 매력적으로 표현해줄 최소한의 화장품을 선택하면 된다.

"에게! 이게 다야?"

이따금씩 내 친구들은 내 화장대 위의 메이크업 제품을 보고 이렇게 말한다. 왠지 내 화장대 위에 엄청 많은 색조 화장품이 즐비해 있을 거라고 생각했다나. 내가 사용하는 메이크업 제품은 매우 단출하다. 선크림, 비비크림, 파운데이션, 페이스 파우더, 아이섀도(핑크, 오렌지, 와인색, 커피색으로 4피스) 세트, 검정색 아이펜슬(아이라이너), 아이브로 펜슬, 립스틱(와인색, 인디언 핑크색, 베이지색으로 3피스)이 전부다. 나를 최상의 얼굴로 연출해주는 데 이것들 말고 더 필요한 메이크업 제품은 없다.

헤어 Hair;
스타일이 있는 여자

"**헤**어스타일이 외모의 70~80%를 좌우한다."

헤어 디자이너들이 입을 모아 하는 말이다. 여성의 헤어스타일은 얼굴의 이미지를 크게 좌우하는 PI 요소다. 화장과 패션 못지않게 헤어스타일이 이상하면 매력이 뚝 떨어져 보인다.

지난해 G20대회에서 국내외 기자들을 한자리에 모아놓고 브리핑을 하는 장면이 중계됐다. 사회자는 40대 중반의 전문직 여성으로 지적인 분위기에 영어 또한 능통했다. 프로페셔널해 보이는 그녀에게 한 가지 아쉬운 점이 있었다. 커리어우먼은커녕 집에서 김장을 담그다 나온 듯 부스스한 그녀의 머리가 행사 분위기와 맞지 않았다. CNN에 비치는 커리어우먼들의 스타일과 거리감이 느껴져 TV를 보는 내내 안타까웠다.

최상의 스타일을 찾아라

헤어가 스타일리시한 여자는 매력이 있다. 그런데 자신을 세련되게 만들어줄 최상의 스타일을 찾지 못하는 여성들이 너무 많다. 한동안 뱅 헤어가 유행할 때 얼굴이 넓적한 여성들조차 그 스타일을 따라 하는 것을 보고, 말은 못했지만 속으로만 끙끙거렸다. 앞머리가 눈을 덮을 정도로 길면 얼굴이 작아 보이는 게 아니라 답답한 이미지를 줄 뿐이다.

많은 여자들이 거울 앞에 서서 '내 얼굴에 어떤 헤어스타일이 어울리는지 모르겠어! 얼굴이 예쁘면 어떤 헤어스타일도 잘 어울리겠지만!' 하는 생각을 했을 것이다. 하지만 김태희처럼 조막만한 얼굴에 완벽에 가까운 이목구비를 가진 여성이 몇이나 될까.

아무리 크고 넓은 얼굴형이라도 최상의 헤어스타일을 연출함으로써 얼마든지 단점을 커버할 수 있다. 커트, 퍼머, 보브 스타일, 섀기커트 등 수많은 스타일 중에서 당신을 가장 멋지게 만들어줄 헤어스타일은 분명 있다. 다만 그것을 찾지 못했을 뿐이다. 이처럼 다양한 헤어스타일은 못생긴 여자들에게 참 고마운 메커니즘이다.

현대 여성이 조선시대에 태어났다고 가정해보자. 선택의 여지 없이 결혼 전에는 길게 땋은 머리, 결혼하면 뒤로 쪽진 머리의 두 가지 헤어스타일만 해야 했으니 말이다. 사각턱 얼굴, 튀어나온 광대뼈, 긴 얼굴, 좁은 이마 등을 가진 여성들에게 올백 스타일은 치명적이다. 하지만 얼굴의 결점을 커버하고 개성 있는 헤어스타일을 연출할 수 있는 현대 여성은 누구나 매력적인 여자가 될 수 있는 특혜를 입은 셈이다.

메이크업, 패션과 마찬가지로 헤어스타일 역시 유행하는 스타일을 무조건 따라 해서는 곤란하다. 최근 들어 어려 보인다는 이유로 많은 여성들이 커트 스타일을 선호한다. 커트 스타일은 볼륨을 살려 얼굴을 작아 보이게 하는 장점이 있다.

드라마 〈시크릿 가든〉의 하지원은 스턴트우먼의 캐릭터를 위해 커트 스타일을 멋지게 소화해냈다. 박칼린의 커트 스타일은 세련미와 단정함이 물씬 묻어난다. 반면 보브 스타일의 단발머리는 세계적으로도 커리어우먼이 가장 선호하는 스타일이다. 미 국무장관 힐러리는 과거 영부인 시절부터 단발머리를 고수하고 있다. 같은 단발머리라도 그 볼륨감에 따라 느낌이 확연히 다르다. 커트 또한 맥 라이언의 새기커트를 비롯해 다양한 스타일이 있다.

헤어스타일 연출에서 여성들이 공통적으로 고민하는 것이 있는데, 직접 머리 손질(스타일링)을 잘 못한다는 것이다. 볼륨감 있는 스타일은 미용실에 다녀온 그날만 최상의 상태를 유지하지, 샴푸를 하고 나면 그 분위기가 반감되고 만다. 그렇다고 매일 미용실을 다닐 수도 없다면 어떻게 헤어를 관리해야 할까. 직접 손질하는 방법을 익히는 수밖에 없다. 이때 왁스나 젤, 드라이어 등을 이용해 다양한 스타일링을 연출할 수 있는데 머리를 손질해준 헤어 디자이너에게 머리 손질하는 방법을 배우면 된다. 그럼에도 많은 여성들이 관심이 없거나 게을러서

머리 손질에 엄두를 못 내는 경우가 많다. 조금씩 시도해보면 헤어 디자이너가 손질해주는 것만큼은 아니겠지만 비슷하게나마 스타일링을 할 수 있다. 그렇다면 자신에게 어울릴 만한, 다양한 헤어스타일은 어떻게 찾아야 할까. 먼저 미용실을 바꿔라!

"여러분, 최상의 헤어스타일을 원하세요? 그러면 미용실을 바꾸세요!"

내가 사람들한테 이렇게 말하면 그들은 웃음을 터뜨린다. 최상의 헤어스타일을 찾을 수 있는 최상의 답이다. 사실 자신의 헤어스타일은 헤어 디자이너의 손에 달려 있다. '나도 저런 스타일을 해보면 어떨까?' 하는 생각이 들 만큼 유명인의 헤어스타일에 마음이 끌릴 때가 있다. 그 스타일을 따라 하고 싶을 때는 그 유명인이 다니는 미용실을 찾아가는 것도 한 방법이다. 또는 원하는 헤어스타일의 사진을 가지고 가서 헤어 디자이너와 상의하는 것도 좋은 방법이다.

도전 없이 완성되는 스타일은 없다

자신에게 어울리는 최상의 헤어스타일을 찾으려면 먼저, 다양한 스타일을 시도해보는 게 중요하다. 어떤 여성은 자신의 헤어스타일에 변화를 주는 것을 두려워한다. '안 어울리면 어쩌지' 하는 소극적인 심리 때문인데 당신의 헤어스타일이 최상이 아니라면 적극적으로 변화를 시도해야 한다. 앞서 말했듯이 당신이 따라 하고 싶은 스타의 헤어스타일이 마음에 들면 그녀가 다니는 미용실의 헤어 디자이너를 찾아간다. 그런데 아무리 그 스타처럼 헤어스타일을 바꿔봐도 그 스타와 똑같은 분위기를 낼 수는 없다. 그 스타와 당신의 얼굴형, 이목구비, 머릿결에 따라 분위기가 다르기 때문이다. 또는 그 스타일이 당신에게 전혀 어울리지 않을 수도 있다. 따라서 당신이 좋아하는 스타일과 당신에게 어울리는 스타일이 엄연히 다를 수 있으니 당신에게 어울리는 스타일을 찾는 것이 현명하겠다.

변화를 시도한 후에는 최상의 스타일을 유지하라고 말하고 싶다. 매력 있는 여자는 자신에게 가장 잘 어울리는 헤어스타일을 알고 그 스타일을 유지한다. 다양한 스타일을 시도하다 보면 주변 사람들로부터 어떤 스타일이 가장 잘 어울리는지 피드백을 들을 수 있다. 만약 당신에게 단발 스타일이 잘 어울리면 그 스타일을 유지하는 것이 최상이다. 너무 자주 헤어스타일을 바꾸면 상대에게 심리적으로 불안해 보이는 이미지를 전달할 수 있다.

몇 년 전, 우리 연구소에서 일했던 후배 직원이 있었는데 그녀는 지적이고 발랄해 보이는 단발 커트가 잘 어울렸다. 그런데 어느 날 무슨 심적 변화가 있었는지 붙임머리를 했다며 긴 머리를 풀어헤치고 출근했다. 나는 깜짝 놀라서 말했다.

"부스스하게 긴 머리는 얼굴을 커 보이게 하고 답답한 느낌을 주거든. 단발머리가 얼마나 예뻤는데. 얼른 원상 복귀시켰으면 좋겠어."

"얼마나 비싼 돈을 주고 붙임머리를 했는데요."

"아무리 비싸게 했어도 자신한테 안 어울리는데 어쩌겠어!"

그녀는 본전(?) 생각에 한 달을 버티다가 결국 원래 머리로 되돌아 갔다. 지금까지 그 스타일을 유지하고 있는데, 스스로도 그 스타일이 최상이라는 사실을 깨달았기 때문이다.

헤어는 머리카락의 특성에 따라 연출이 부자연스러운 경우도 있다. 어떤 여성은 숱이 너무 적어서 원하지도 않는 퍼머를 하는 경우도 있고, 머리가 구두솔처럼 뻣뻣하여 쇼트커트만 하는 경우도 있다. 이런 여성들은 비록 자신이 원하는 스타일이 아닐지라도 선택의 여지가 없다. 그럼에도 자신만의 스타일을 굳혀서 고유의 아이덴티티를 구축하는 것도 괜찮다. 특정한 스타일밖에 할 수 없을 때는 스타일리시하게 연출하는 것이 관건이다.

매너 Manner;
매너가 좋은 여자

이효리는 '매너 매력녀!'

이효리가 청바지 광고 촬영을 위해 홍콩에 갔다. 공항에 취재진은 물론 수많은 팬이 몰려들어 북새통을 이뤘단다. 그때 한 팬이 이효리를 보고 달려오다 넘어졌는데, 그녀가 다가가 그 팬을 부축해줬다. 그때 공항에 있던 홍콩 언론과 기사를 본 네티즌들은 그녀의 매너를 칭찬했다. 다른 스타라면 그냥 지나쳤을 텐데 그녀가 남다른 인간미를 보여줬다며 칭찬을 아끼지 않았다. 그녀에게 상대를 배려하는 내면의 아름다움이 있었기에 가능한 일이었다.

진정 매력 있는 여자는 상대를 배려할 줄 안다. 매너의 근원은 상대를 배려하는 마인드에서 시작된다. "저 여자 싸가지 없다"는 말을 들을 만큼 이기적인 성향을 가진 여성에게서는 결코 매력을 느낄 수 없다. 매너 있는 여자는 자기중심적이지 않고 지극히 인간적이다.

매너는 매력의 꽃이다. 매너는 매력 DNA의 보고이며 매력지상주의의 최고점에 있다.

매너는 매력의 근원이다

남을 배려하는 문화가 여전히 낯선 우리나라에서 여성들의 매력 취약점은 매너에서도 나타난다. 주변을 둘러보면 글로벌 시대에 현대 여성으로서 갖추어야 할 기본 매너를 갖추지 못한 여성이 의외로 많다. 직장생활을 하거나 서비스 업종에 종사하는 여성들은 예외이겠지만 매너가 부족하면 대인관계는 물론 비즈니스에서도 불이익을 당하기 쉽다.

글로벌 시대를 살아가는 여성이라면 매너의 개념과 그 가치를 인식할 수 있어야 한다. 때로는 너도 나도 매너가 없으니 절실하지 않을 수도 있지만 외국 여행을 하다 보면 내가 얼마나 매너가 부족한지 깨닫게 된다. 그런데 때로는 매너와 에티켓의 개념이 혼동되기도 한다.

매너란 사람마다 가지고 있는 습관 및 행동양식을 말한다. 그래서 매너는 개인의 인성을 판단하는 중요한 잣대가 된다. 에티켓 Etiquette 은 타인에게 불쾌감을 주지 않기 위한 약속 및 규칙을 말한다. 매너가

자의적이라면 에티켓은 타의적인 의미를 띤다. 따라서 에티켓은 누구나 지켜야 하는 규범이기 때문에 개인 매력의 판단 기준에서 조금 벗어난다.

그렇다면 매너와 인성은 얼마만큼의 상관관계가 있을까. 매너가 없는 여성이라고 해서 인성이 나쁘다고 단언할 수는 없다. 단지 그녀는 매너의 중요성을 깨닫지 못하고 매너 스킬이 부족하기 때문이다. 그러니 그녀의 태도로 인성마저 판단되는 것은 문제다. 매너는 타고난 외모와 달리 후천적으로 형성되는 매력 DNA다.

좀 오래전의 이야기인데, 유럽의 한 여성이 매너라는 매력 DNA를 개발하여 귀족 부인이 된 사례가 있다.

그녀는 보잘것없는 삼류 연극배우였다. 그녀는 여느 때와 마찬가지로 무대 뒤에서 공연을 준비하고 있었다. 그러다 우연히 소파 한 귀퉁이에서 낡은 책 한 권을 발견했다. 매너에 대한 이야기가 실린 책이었다. 그녀는 책갈피를 넘길수록 점점 그 책에 빠져들었고, 자신도 매너를 익히면 품위 있는 여자가 될 수 있다고 생각했다. 매너가 매력 있는 여자의 필수 조건이라는 것을 깨달았던 것이다. 그녀는 날마다 매력 있는 여자가 되기 위해 매너를 연습하고 또 연습했다. 연극배우인 그녀에게 매너를 익히는 것은 식은 죽 먹기만큼 쉬웠을 것이다. '매너 좋은 여자'를 연기하듯 하면 되니까 말이다.

그리고 얼마 후 우연히 한 귀족 남자를 만났는데 그는 첫 만남에서

매력지수를 높이는 7가지 톱 시크릿

그녀의 세련된 매너에 매료되었다. 그녀를 사랑한 그가 결혼을 하기 위해 부모님께 그녀에 대한 이야기를 꺼냈다. 그의 부모님은 신분의 차이로 결혼은 반대했지만, 그녀를 한번 만나보기로 했다. 그녀를 처음 만난 날 그의 부모님은 결혼을 흔쾌히 승낙했다. 그녀의 품위 있는 매너에 감동했던 것이다. 그녀의 몸에 밴 세련된 매너와 태도가 그녀의 삶을 업그레이드해주었다.

최상의 매너는 '상대를 배려하는 마음'과 상대가 보고 느낄 수 있는 '실제적인 태도(매너 스킬)'로 이루어진다. 결국 매너의 척도는 태도(시각적 이미지)에 의해 결정되므로 의식적으로라도 매너 스킬을 연습할 필요가 있다. 인사성은 좋은데 인사하는 모습이 품위가 없다면 인사하는 스킬을 체화시켜야 한다는 얘기다. 상대를 배려하는 마음과 매너 스킬을 고루 갖출 때 진정 매력 있는 여자라 할 수 있다.

영국 왕실의 역사를 바꾼 심프슨 부인의 얘기를 들어보자. 당시 그녀는 사교계에서 따뜻하고 친절한 태도로 사람들로부터 좋은 이미지를 얻었다. 그녀는 황태자 윈저 공을 파티에서 처음 만나기 전날, 그에게 호감을 얻기 위해 몇 시간이나 거울 앞에서 인사하는 연습을 했다. 왕족 앞에서만 하는 특별한 인사법은 미국인인 그녀에게 익숙하지 않았기 때문이다. 그녀는 황태자를 차지하겠다는 목적이 있었기에 그를 향한 배려심은 여느 여성과 달랐다. 그녀는 파티에서도 황태자가 어떤 음식을 좋아하는지 늘 신경 썼다. 그리고 그녀가 파티를 열 때, 황태자가 좋아하는 음식들을 마련해 황태자의 마음을 사로잡았다. 그녀의 황태자 유혹 전략은 파티 매너에 익숙했기에 가능한 일이었다. 매너는 끊임없이 반복함으로써 그 태도가 몸에 자연스럽게 밸 때까지 익혀야 매력이 발산된다.

내적 이미지인 '매너 마인드'는 이 책의 범주에서 벗어나므로 다음에 기회가 주어질 때 다루도록 하겠다. 자신의 품격과 매력을 더해줄 기본적인 매너 스킬(연출법)은 어떻게 익히면 좋을까. 인사 매너, 전화 매너, 악수 매너, 명함 매너, 지시 매너, 좌석 매너, 테이블 매너, 자동차 매너 등으로 나누어 살펴보자.

상대 존중의 의식, 인사 매너

인사는 상대의 존재를 인정한다는 뜻이 담긴 행위다. 그래서 본의 아니게 인사를 못하면 예의 없는 사람으로 보이기 마련이다. 인사성이 밝고 인사를 정중하게 잘하면 상대를 배려하는 마음이 전달된다. 당신이 내성적인 성격이라 인사성이 없다는 변명은 하지 않기를 바란다.

인사는 교양이고 인격이다. 그리고 능력이다. 인사는 지위와 나이에 상관없이 상대를 먼저 본 사람이 건네는 것이 원칙이다. 반드시 아랫사람이 윗사람에게, 나이가 적은 사람이 많은 사람에게 먼저 해야 하는 것은 아니다.

품격 있는 인사 연출법의 키포인트는 머리를 숙이는 것이 아니라 허리를 숙여서 인사하는 것이다. 목과 허리에 깁스를 한 것처럼 꼿꼿하게 세워서 15~30도 정도 굽히고 네 박자에 걸쳐 인사하면 된다. 하나에 허리 숙이고, 둘에 정지, 셋과 넷(두 박자)에 허리를 들어 올린다. 즉, 허리를 숙일 때보다 들어 올릴 때 한 박자 천천히 올리면 품격 있는 인사가 된다. 인사를 건네는 것은 반드시 상대와 눈이 마주칠 때Eye Contact 해야 한다. 간단해 보이는 인사 스킬이지만, 세련됨과 정중함이 느껴지는 인사가 몸에 배려면 날마다 의식하고 반복하는 습관을 길러야 한다.

귀로 듣는 첫인상, 전화 매너

전화는 한 개인의 첫인상을 귀로 전달하는 도구다. 첫 만남이 있기 전까지는 전화통화가 먼저 이루어진다. 전화를 통해 첫인상이 전달되는 셈이다. 따라서 좋은 목소리와 상대를 배려하는 전화 매너가 있으면 성공적인 첫 만남을 위한 윤활유가 된다.

전화 매너는 기본적인 것만 지켜도 될 만큼 간단하다. 상대에게 전화를 걸 때도 상대를 배려하는 마인드를 가져야 한다. 즉, 상대가 통상 바쁜 시간대와 식사 시간은 피하는 것이 좋다.

전화를 걸 때는 "지금 통화 가능하세요?"라는 통화 가능 여부를 반드시 물어야 한다. 대개 전화를 받을 때 "여보세요?" 하고 받지만 "○○○입니다" 하고 자신의 이름을 밝혀야 프로페셔널하게 느껴진다.

전화를 끊을 때(특히 윗사람이거나 연배가 많은 사람과 통화할 경우)는 상대가 전화를 끊을 때까지 기다렸다가 *끄는* 습관을 가져야 한다. 때때로 전화를 끊기 직전에, 갑자기 못한 말이 생각나서 '아 참, 그런데?' 하고 말하려는데 상대의 전화가 '툭' 하고 끊어지면 유쾌하지 않다. 특히 아랫사람이 전화를 먼저 끊으면 윗사람은 불쾌해진다.

처음 소개받은 남성과 통화할 때는 "그럼, 제가 먼저 끊을게요"라고 말하고 끊으면 매력 있는 여자가 된다.

전화통화를 할 때 밝은 목소리는 기본이다. 비즈니스뿐만 아니라 모든 인간관계에서 왠지 가라앉은 듯한 목소리로 말하면 만나기도 전에 거부감을 가져 첫인상을 흐리게 할 수 있다.

나는 전화 매너를 늘 의식하다 보니 생기 있는 목소리로 전화하는 것이 몸에 뱄다. 아무리 몸이 아프더라도 전화기를 드는 순간만큼은 내 목소리에 생기가 돈다. 나와 통화한 상대는 힘이 빠졌다가도 내 전화 목소리를 들으면 활력이 솟는다고 한다.

한번은 언니와 식사를 하는데 잘못 걸려온 전화가 왔다. 나는 여느 때처럼 밝은 목소리로 상대에게 말했다.

"네~ 전화 잘못 거셨습니다~"

언니는 나를 의아한 표정으로 쳐다보며 말했다.

"얘, 너는 잘못 걸려온 전화도 그렇게 친절하게 받니?"

나는 언니에게 내 직업상 습관이 되어 몸에 밴 것뿐이라고 말했다.

당당한 포스, 악수 매너

매력 있는 여자는 당당하게 악수한다. 비굴하게(?) 악수하지 않는다. 나는 여성 대상의 세미나나 강연을 할 때 이 점을 꼭 강조한다. 비굴한 악수는 두 손으로, 그리고 지나치게 몸을 앞으로 숙여서 상대와 악수하는 한국식 악수법이다. 유교문화가 반영된 한국식 악수법은 겸손함을 전달하기보다는 당당하지 못한 이미지를 전달할 수 있다. 물론 겸손한 태도로 악수를 하면 상대에게 불쾌감을 주진 않지만 자신을 지나치게 낮추어 보일 필요까지 있을까.

얼마 전, 미 국무장관인 힐러리가 한국을 방문했다. 국내의 내로라하는 여성들이 힐러리와 악수할 때 지나치게 겸손한 태도를 보여 안타까웠다. 상체를 약간 앞으로 숙이는 것은 좋은데 왼손을 오른손에 받쳐서 손을 내미는 모습은 당당한 악수 모습이 아니다. 반면에 힐러리는 당당하고 자연스럽게 악수했다.

서양 사람과 악수할 때는 몸을 앞으로 숙이지 않아도 되기 때문에 힐러리와 악수할 때는 상체를 숙이지 않는 것이 바람직하다. 그러면 당당한 악수는 어떻게 할까.

먼저, 상대방과 마주 서서 왼팔은 차려 자세 그대로 내리고, 오른손을 앞으로 내민다. 상대의 직급이 높거나 나이가 많은 사람에겐 상체를 약간 앞으로 숙이면서(5~10도 정도 앞으로 숙임) 손을 내민다. 악수를 청할 때는 윗사람이 아랫사람에게, 나이가 많은 사람이 나이가 적은 사람에게(서양에서는 여자가 남자에게), 먼저 손을 내민다. 반대의 경우에는 실례가 된다.

또 하나의 얼굴, 명함 매너

비즈니스에서는 처음 만난 상대와 명함을 서로 주고받게 된다. 이때 작은 매너 하나만으로 매력 있는 여성으로 돋보일 수 있다. 반면 명함 매너를 모르거나 실수라도 한다면 프로페셔널한 모습이라 할 수 없다.

예를 들어, 상대가 보는 앞에서 상대가 건네준 명함에다 메모를 하면, 상대의 얼굴에다 메모하는 것과 같다. 명함은 상대를 대변하는 또 하나의 얼굴이기 때문이다. 꼭 메모가 필요하면, 상대와 헤어진 후에 메모하면 된다. 그러면 기본적인 명함 매너에 대해 알아보자.

① 명함은 자신의 이름을 상대가 보기 편하게 돌려서 건넨다.
② 두 손의 엄지손가락을 가지런히 모은 채 명함을 들고 건넨다.

매력지수를 높이는 7가지 톱 시크릿

(명함을 받을 때는 똑같은 방법으로 두 손으로 받아 든다)

③ 동시에 주고받을 때는 오른손으로 주고 왼손으로 받는다.

④ 명함을 받아 들고 상대의 이름과 호칭을 친근하게 불러준다.

("아, ○○○ 과장님이시군요? 만나서 반갑습니다")

⑤ 테이블 위에 명함을 두고, 미팅이 끝나면 명함 지갑에 잘 챙겨 넣는다. 상대의 명함을 두고 나와버리면 매우 큰 실례다.

절제된 자세, 지시 매너

사람이나 방향을 가리킬 때도 품격이 있는 손짓으로 지시하는 매너가 필요하다. 대개 지시를 할 때, 검지손가락으로 지칭하는데 결코 좋은 태도가 아니다. 특히 사람을 검지손가락으로 지칭하면 교양이 없는 여성으로 비친다. 물론, 멀리 떨어진 사람에게나 사물을 향해서는 검지손가락으로 지칭해도 된다.

사람이나 방향을 가리킬 때는 손가락을 모은 채 손바닥을 옆으로 세워서 하면 정중하게 여겨질 뿐만 아니라 지시하는 사람도 품위가 있다. 오른쪽 방향을 지시할 땐 오른손으로, 왼쪽 방향을 지시할 땐 왼손으로 지시한다. 자연스러운 동작이 몸에 배면 절제된 자세를 가진 여성으로, 프로페셔널해 보인다.

겸손한 태도, 좌석 매너

좌석에 앉을 때도 상대를 배려하는 매너가 필요하다. 무턱대고 아무 좌석에 앉아서는 곤란하다. 나이가 많거나 직급이 높은 사람이 상석에 앉는 것이 원칙이다. 상석은 바깥 전망이 좋거나, 입구에서 가장 먼 쪽, 입구를 바라보고 앉는 좌석이다. 밀폐된 작은 룸의 원탁 좌석에서는 벽에 그림이 붙은 쪽에 놓인 좌석이 상석이다. 장소에 따라 상석에 대한 분별이 애매한 경우 윗사람에게 먼저 편한 자리에 앉으시라고 권유하면 된다.

나는 어떤 모임에 갈 때, 지정석이 정해지지 않은 장소에서는 무조건 입구에서 가까운 자리에 앉는다. 이 자리는 가장 안 좋은 자리지만, 마음만은 참 편하다. 언젠가 나도 모르게 가장 좋은 자리에 앉아서 거만하게 보인 경험을 갖고 있기 때문이다.

사소하게 여겨질 수 있는 겸손한 태도가 당신을 돋보이게 한다. 친구와 만날 때도 좋은 자리를 양보하면 섬세한 배려심이 있는 멋진 친구로 남을 것이다.

일상의 습관, 테이블 매너

테이블 매너 하면 오른손엔 나이프를, 왼손엔 포크를 잡는 것부터 후식을 먹는 것까지 양식을 먹는 순서와 방법을 떠올리게 된다. 한식과

매력지수를 높이는 7가지 톱 시크릿

일식, 중식을 먹을 때도 기본적인 식사 매너가 있다.

그렇다고 해서 식사 매너를 어렵고 복잡하게 생각할 필요는 없다. 테이블 매너를 잘 지키는 가장 간단한 방법은 상대나 주변 사람에게 불쾌감을 주지 않는 것을 원칙으로 생각하면 된다.

인터넷에서 '테이블 매너'를 검색해보면 기본적인 매너는 습득할 수 있다. 중요한 것은 오늘 당장 식사할 때 적용해보는 것이다. 음식을 먹을 때 짭짭 소리를 내는 등 자기도 모르는 나쁜 식사 습관으로 상대에게 거부감을 주지 않는지 늘 의식해야 한다. 가족이나 친한 친구에게 나쁜 식사 매너가 보이면 지적해달라고 부탁해보자.

매력 있는 여자는 혼자 식사할 때도 우아하게 먹을 수 있다. 그녀는 일상에서 품격을 굳힌 것이다. 그 정도로 테이블 매너가 몸에 배야 한다.

섬세한 배려, 자동차 매너

벌써 오래전의 일인데, 나의 네 번째 책 〈물 흐르듯 말하기(21세기 북스)〉의 공저자인 알란 가너(미국의 커뮤니케이션 전문가) 씨가 한국에 왔을 때다. 나와 그를 연결해준 한국 여성과 함께 셋이서 호텔 라운지에서 만나 저녁식사를 하기 위해 장소를 옮겨야 했는데 내 차로 이동해야 해서 내가 운전을 했다.

그런데 가너 씨가 살짝 당황하는 일이 벌어졌다. 동행한 한국 여성이 뒷자리에 먼저 타고 그를 자신의 옆자리에 앉게 한 것이다. 졸지에 내가 운전기사가 되어버린 것이다. 그는 운전석에 앉은 나를 보며 "택시 드라이버?"라며 멋쩍은 표정을 지어 보였다. 오너가 운전자라면 오너 옆자리가 상석인데 그 여성이 자동차 매너를 전혀 몰랐던 것이었다.

오너가 운전하는데 옆자리에 앉지 않고 뒷자리에 앉는 건 큰 실례다. 오너인 운전자는 자동으로 운전기사가 될 수밖에 없으니까. 매너를 모르면 본의 아니게 실례를 하게 된다.

사소한 센스 부족으로 매력 없는 여자로 각인되어서는 곤란하다. 명심하라. 센스 있는 여자는 섬세한 배려를 할 줄 안다.

보디랭귀지 Body Language;
당당한 여자

매력 있는 여자가 갖추어야 할 기품은 바른 자세에서 기원한다. 어떤 상황에서도 자세가 바르지 못하면 매력 없는 여자로 비친다. 하지만 누구나 가끔씩 뚜렷한 이유 없이 자꾸만 움츠러들 때가 있다. 그럴 때 자세를 반듯하게 하면 어딘지 모르게 자신감이 생기고 당당해지는 경험을 하게 될 것이다.

〈흐르는 강물처럼〉의 저자 파울로 코엘료는 자세와 당당함의 상관관계를 이렇게 말했다.

"가끔씩 내가 구부정한 자세로 앉거나 서 있다는 사실을 깨달을 때가 있다. 뭔가 제대로 돌아가고 있지 않다는 표시다. 그럴 때마다 나는 불편함의 원인을 찾으려 하기도 전에 먼저 기품 있는 자세를 취하려고 애쓴다. 자세를 고치는 그 간단한 동작만으로도 내가 하고 있는 일에 자신감이 생기는 것을 느낄 수 있다."

어딘지 모르게 당당한 포스Porce가 뿜어져 나오는 여성들이 있다. 그런 여성들은 청바지와 흰색 티셔츠만 입어도 멋져 보인다. 그녀들의 매력은 반듯한 자세에서 나온다.

바른 자세를 유지하라

포스가 느껴지는 여성치고 자세가 나쁜 경우는 없다. 미 국무장관을 지낸 콘돌리자 라이스, 힐러리 국무장관, 김주하 앵커, 이효리, 송혜교 등 유명인 및 연예인들의 자세는 곧다. 그들의 반듯한 포스는 타고난 것일까. 아니다. 그들의 포스는 후천적으로 만들어졌다. 늘 타인의 시선을 의식해야 하기 때문이다.

따라서 당신도 스스로 특별한 존재라 여기고 일상에서 배우처럼 의식해보라. 허리를 세우고 어깨를 반듯하게 펴는 습관을 기르면 옷태가 날 뿐만 아니라 매력 있는 여자의 필수 조건인 포스를 구축할 수 있다.

언젠가 CEO 부인들을 대상으로 한 세미나에서 이렇게 말했다.

"여러분, 옷 잘 입는 여자가 되고 싶으세요? 옷이 아무리 비싼 명품이고 잘 어울려도 어깨가 구부정하면 옷맵시가 나지 않습니다. 매력 없는 여자로 보입니다."

내 말이 끝나자마자 CEO 부인들은 일제히 허리를 꼿꼿이 세웠다. 이어서 나는 그녀들을 벽에 몸을 기대게 한 후, '바른 자세 유지법(뒷몸 벽 밀착 자세)'을 알려주었다. 그렇게 하면 다들 1~2분 만에 곧은 자세로 변화되는 것을 보고 놀라워하곤 한다. 나는 그런 교육과 함께 바른 자세를 계속 유지하는 습관을 길러야 한다고 강조한다.

자세는 생활환경에서 많은 영향을 받는다. 학교에 다닐 땐 공부하느라 어깨가 구부정해지고, 직장생활을 하면서는 컴퓨터 때문에 구부정해지고, 결혼하면 가사일을 하느라 구부정해진다. 자세만 나빠지는 것이 아니라 키도 줄어든다. 자세를 바르게 하고 어깨를 쫙 펴서 걸으면 키도 커 보인다.

많은 여성이 키가 작다고 안타까워하면서도 숨은 키를 찾을 생각은 못한다. 자세를 펴면 키가 2cm는 커 보인다. 내 경우는 남을 의식해야 하는 직업으로 인해 쉰이 훨씬 넘은 나이임에도 바른 자세를 유지하고 있다. 그래서 내 키는 조금도 줄어들지 않았다. 내가 10년은 젊어 보인다면 바른 자세도 한몫한 것이다.

바른 자세는 건강에도 유익하다. 어깨를 쫙 펴주면 몸통 속에 넓은 공간이 생겨 오장육부도 편해진다고 한다. 반대로 구부정한 자세가 오랜 세월 축적되면 내장의 기능을 약화시킨다고 하는데 정말 그럴듯한 얘기다. 늘 반듯한 자세를 유지하자.

바르게 선 자세 유지법

① 양 발 모양은 'V'자 형태로, 발 뒤꿈치는 모아주고 벽 앞에 선다.

② 몸에 힘을 빼고, 어깨를 쫙 편 후, 벽에 뒷몸을 완전히 밀착시킨다.

③ 양 팔은 아래를 향해 쭉 뻗고, 손바닥을 펴서 벽에 붙인다.

④ 이 자세를 3분 동안 유지한다.

⑤ 그리고 턱을 아래로 당겨주며 시선은 정면을 향한다(이때 뒷머리는 벽에서 3cm 정도 떨어진다).

⑥ 팔을 '차려 자세'로 하고 서면 바른 자세가 된다.

걸음걸이가 당신의 품격을 말해준다

이번에는 매력 있는 여자의 걸음걸이에 대해 알아보자. 아무리 키가 크고 늘씬해도 팔자걸음을 걷는다면 매력은 반감되고 만다. 거리에서 마주치는 수많은 여성들을 유심히 바라보면 제대로 걷는 여성이 열에 한두 명에 불과하다.

요즘 크게 유행하는 쇼트팬츠를 입거나 하늘하늘한 짧은 시폰 원피스를 예쁘게 차려입었는데 걸음걸이 때문에 매력이 떨어지는 여성들을 보면 너무 안타깝다. 하이힐을 신고 무릎을 굽히고 걷는 여성들이 수두룩하다. 그녀들은 사람이 구두를 신은 것이 아니라 구두가 사람을 신은 것 같은 느낌을 준다.

또한 무릎과 무릎 사이가 떨어지게(심한 경우 10cm나 떨어지는 여성도 있다) 걷는 여성들은 걸음걸이를 교정해야 한다.

다리가 'O'형으로 굽은 체형도 올바른 워킹법만 익히면 얼마든지 매력적으로 걸을 수 있다.

여성의 걸음걸이는 품위를 나타낸다. 언젠가 홍대 앞 레스토랑에서 친구를 기다리는데, 30대 중반으로 보이는 네 명의 여성이 식사를 끝내고 나가는 뒷모습이 무심코 보였다. 네 명 모두 치마 정장을 입었는데 유독 뒤태가 매력적인 여성 한 명이 눈에 들어왔다. 그녀는 걸을 때 어깨가 반듯하고 걸음걸이가 곧아서 엉덩이가 섹시해 보였다. 그렇다고 그녀가 다른 친구들보다 늘씬하거나 다리가 예쁜 것도 아니었다. 나는 그녀들이 1층으로 내려갈 때, 앞모습을 살짝 볼 수 있었는데 뒤태가 매력적인 그녀의 얼굴이 눈에 익었다. 그녀는 모 방송국 앵커였는데 그녀의 곧은 자세와 걸음걸이 때문에 매력이 탁월해 보였을 뿐 아니라 품위가 느껴졌다. 결국 자세와 걸음걸이를 의식하느냐에 따라 매력이 결정되는 것이다.

'마사이족'은 세상에서 가장 잘 걷는 종족이다. 하루에 평균 3만 보를 걷는다고 하는데 TV에서 그들의 걷는 습관을 다큐멘터리로 방영한 적이 있었다. 바른 자세의 '골반 걸음'으로 활기차게 걷는 모습이 무척 인상적이었다.

골반 걸음이란 말 그대로 골반과 다리로만 걷는 걸음을 말하는데 이때 상체는 활짝 편 채 정면을 향하고, 팔은 자연스럽게 흔들리는 느낌으로 걷는다. 나는 그들의 워킹이 패션모델들의 워킹과 흡사하다는 것을 발견하고 신기해했다.

나는 대학교 4학년 때 명동에 있던 차밍스쿨을 다니면서 워킹을 제대로 배웠다. 30년이 지난 지금까지도 그 워킹법을 잘 활용하고 있다. 공원을 산책할 때도 마사이족을 떠올리며 걷는다. 사실 지금의 내 체형은 20대 때와 별반 다르지 않다. 그 비결은 바로 워킹이다. 바른 걸음걸이는 내게 생동감과 활력을 불어넣는다. 정석대로 걷는 걸음걸이는 기품이 있고 매력적이다.

올바른 걸음걸이

① 바르게 선 자세를 유지한다.

② 걸을 때 양 무릎과 양 발목이 스치게 걷는다.

③ 발뒤꿈치가 땅에 먼저 닿게 하여 내딛는 동시에 앞발을 내딛는다.

④ 양발은 평행이 되게 하는데 이때 발가락의 각도는 바깥쪽으로 약간 기운 모습이다.

⑤ 상체는 활짝 편 자세로, 골반과 다리로만 걷는 느낌으로 걷는다.

매력지수를 높이는 7가지 톱 시크릿

스피치 Speech;
말이 통하는 여자

한 번은 아는 남자 교수에게 물었다.

"교수님은 어떤 여자가 가장 매력 있다고 생각하세요?"

"말 잘하는 여자가 가장 섹시하죠!"

매력 있는 여자라고 물었는데, 그가 섹시한 여자라고 답했다. 섹시함이 매력의 강한 표현이라는 생각이 들었다. 어쨌든 매력의 종착점은 내면의 향기가 스며나는 스피치임에 틀림없다. 모든 인간관계에서 소통(커뮤니케이션) 능력은 아무리 강조해도 지나치지 않다. 쿨하게 소통이 잘돼야 호감이 가고 매력을 느낀다. 원활한 소통은 이성과의 만남뿐만 아니라 비즈니스에서도 탁월한 능력을 발휘하게 된다.

커뮤니케이션 전문가인 앨버트 메르비언 Albert Merbian은 커뮤니케이션의 요소를 명확히 밝혔다. 그는 커뮤니케이션을 구성하는 비언어적인 요소가 93%(표정, 제스처, 자세, 태도의 외적인 요소는 55%, 목소리는 38%), 언어적 요소는 불과 7%라는 연구 결과를 발표했다. 외국어를 전혀 모르는 사람이 다른 나라를 방문했을 때 표정, 몸짓, 발짓으로도 의사소통이 가능한 이유를 생각해보면 이해할 수 있다. 그래서 나라와 언어가 달라도 소통은 어느 정도 가능해진다.

프레젠테이션을 효과적으로 잘할 수 있는 방법도 비언어적인 요소에 달려 있다고 해도 과언이 아니다. 즉 표정, 제스처, 목소리와 화법에 따라 청중의 집중도는 크게 달라진다.

소통의 본질은 무엇일까. 올바른 소통은 일방통행이 아닌 양방향으로 이루어져야 한다. 완전한 소통이란, 변화가 이루어져 관계가 개선되고 행복감을 줄 수 있어야 한다. 그러면 실제적 의미로서의 소통은 어떻게 하는지 간략하게 알아보자.

소통 능력은 먼저, 열린 마음(긍정적이고 적극적인 마인드)이 우선이다. 그리고 내적 이미지(지적 능력, 화술)와 외적 이미지(표정, 목소리, 제스처)의 세 가지 요소로 구분할 수 있다. 이 중에서 한 가지만 부족해도 소통 능력이 떨어진다. 소통의 세 요소가 균형을 이룰 때 매력은 최고가 된다. 한 예로, 열린 마음을 가진 여성이지만 지적 능력 및 화술이 부족하고 목소리까지 매력적이지 못하면 소통 능력이 떨어지기 마련이다. 반대로 지적인 내면을 가진 여성이 매사에 부정적이고 소극적인

매력지수를 높이는 7가지 톱 시크릿

마인드를 가졌고 목소리까지 매력적이지 않으면 대인관계의 고리는 단절될 수밖에 없다. 반면에 목소리만 좋고 닫힌 마음의 소유자로 지적 능력이 부족해도 소통에 걸림돌이 된다. 따라서 소통 능력의 이 세 가지 요소가 균형을 이룰 수 있도록 늘 의식해야 한다.

긍정적이고 적극적인 열린 마인드

긍정적이고 적극적인 마인드를 가진 여성과는 말이 잘 통한다. 그런 여성은 만나면 만날수록 매력을 느끼게 된다. 점점 관계가 좋아져 언제든지 만나고 싶어지는데 반대로 부정적이고 소극적인 마인드를 가진 여성은 대화의 물꼬가 막혀버린다. 그리고 만남이 띄엄띄엄해지다가 결국 두절되고 만다.

'그 여자 앞뒤가 꽉 막혔어!'

당신을 만난 상대가 돌아서면서 마음속으로 이렇게 생각했다면 심각해진다. 정말이지 대화가 되지 않는 여성과는 두 번 다시 만나고 싶지 않다. 실컷 대화하고서 결국은 원점으로 돌아가 자기 관점만 주장하는 여자는 숨이 막힐 정도로 답답하다. 그나마 친구나 비즈니스 관계에서는 안 만나면 되지만 직장에서나 가족 관계에선 정말 괴롭다. 한 공간의 사무실에서, 한 지붕 밑에서 소통이 잘 안 되면 보통 일이 아니다. 특히 소극적이고 부정적인 마인드를 가진 여성과의 소통은 여간 힘들지 않다. 그녀들에게 딱 맞는 특효약은 '상대방 입장(관점)도 좀 생각해보라!'는 것이다.

사회생활을 오래한 사람일수록 몇 마디의 대화로도 상대가 어떤 마인드를 소유했는지 가늠할 수 있는 지각이 생긴다. 결국 한 개인이 어떤 성품의 소유자인지는 상대에게 그대로 비치기 마련이다. 따라서 내면의 표정도 가꿀 필요가 있다. 만약에 부정적이고 소극적인 성품을 타고났더라도 포기하지 말자. 긍정적이고 적극적인 마인드 또한 외적 이미지처럼 후천적인 노력으로도 개선시킬 수 있는 요소다.

지적 능력과 화법, 내적 이미지

지적인 여자는 매력이 있다. 내면의 지식이 목소리와 표정, 제스처로 전달될 때 지적인 여자의 매력은 깊은 여운을 남긴다. 스피치의 달인이 되려면 똑똑해야 한다는 공식이 성립된다. 스피치에서 콘텐츠가 없다면 대화는 짧게 끝나고 만다. 좋은 성품과 목소리를 갖추었어도 대화의 내용에 공감대가 형성되지 않기 때문이다. 다방면에서 폭넓은 지식을 꿰뚫고 있어야 한다. 물론 자신의 직업인 전문 지식도 쌓기 힘든데 정치, 사회, 경제, 문화 등의 다양한 지식을 어떻게 섭렵할 수 있냐고 반문할 수 있다. 하지만 일간지에서 다루는 정도의 지식과 정보라면 충분히 가능하다. 매력 있는 여자는 지적인 능력을 개발하려 애쓴다.

✳ 효과적인 대화법

1. 미소를 짓는다 상대의 말을 들을 때 입가에 미소를 살짝 띠면(모나리자 미소) 여유 있어 보인다. 무표정한 얼굴이면 상대는 대화에 관심이 없다고 판단한다.

2. 긍정적으로 말한다 긍정적 화법은 설득력을 높인다. 거절이나 반대의 의사를 나타낼 때 '부정 화법(No, But)'보다는 '긍정 화법(Yes, Because)'이 좋다. 거절이라는 결과는 같지만 후자가 거부감을 줄일 수 있다. 또한 '직접 화법'보다는 '간접 화법'을 습관화할 필요가 있다. 직접 화법(저는 그 방법이 싫어요)보다는 간접 화법(저는 다른 방법이 있다고 생각합니다)이 훨씬 부드럽게 받아들여진다. 그리고 '명령어(이것을 주세요)'보다는 '겸손어(이것을 좀 주시겠습니까)' 화법이 몸에 밸 수 있도록 늘 의식하자.

3. 눈을 맞춘다 대화 시 상대의 눈을 쳐다보지 않으면 소극적인 사람처럼 비친다. 어른이나 윗사람과 대화할 때도 상대의 눈을 쳐다봐야 한다.

4. 경청한다 한 번 말하고 두 번 듣는 것이 가장 바람직하다. 사람의 얼굴에서 입이 하나인 것은 한 번 말하라는 뜻이고 귀가 두 개인 것은 두 번 들으라는 뜻이란다.

5. 맞장구친다 상대의 말에 공감하는 내용이면 '맞아요, 그렇군요' 식으로 호응을 한다. 고개를 끄덕여주는 것도 맞장구다. 그러면 상대는

신바람이 나고, 당신에게 호감을 가질 것이다. 상대가 말할 때 무표정한 얼굴로 목석처럼 앉아 있다면 대화에 관심이 없는 사람으로 오해받을 수 있다. 그리고 대화의 장은 무미건조해진다.

표정과 목소리, 외적 이미지

한국 최고의 매력녀 김연아에게 딱 한 가지 아쉬운 것이 있는데 그녀의 스피치다. 말할 때 입안에서 우물거리며 내는 발음은 완벽한 그녀의 이미지와 거리감이 있다. 그녀가 다소 퉁명스러운 듯하고, 밋밋한 목소리로 인터뷰할 때마다 빙상 위에서의 풍부한 표정, 우아한 몸짓과 달리 괴리감이 느껴지곤 해서 아쉽다. 젊은 층에게는 그녀의 다듬어지지 않은 목소리와 툭툭 내뱉는 듯한 말투가 매력적으로 어필하기도 하는 모양이다. 완벽한 사람에게 하나의 단점쯤이야 오히려 매력이 될 수 있다는 '매력의 역반응 현상'일까.

대부분의 스포츠 선수들은 기량을 닦는 데 올인하기에 스피치 부분에서 취약할 수밖에 없다. 김연아가 노래를 잘하는 것을 보면 목소리 자체가 나쁘지는 않을 텐데 그녀의 스피치는 왜 그럴까. 피겨스케이팅은 표정과 보디랭귀지로 표현하는 스포츠이기 때문이다. 지독한 승부기질이 있는 그녀가 오페라 가수라면 그녀의 스피치는 매우 매력적일 것이다. 아직 나이 어린 그녀에게 품격 있는 스피치를 요구한다는 게 어쩌면 무리일지도 모르겠다. 그녀의 성격으로 짐작하건대, 목소리와 화법도 진화할 것이다. 슈퍼스타로서 세련된 스피치까지 갖춘, 가장 섹시하고 완벽한 매력녀로서의 모습이 기대된다.

"인간의 아름다움은 외모에서만 나오는 것이 아니라 아름다운 마음과 생각 그리고 그것을 표현하는 아름답고 진지한 목소리에서 진정한 가치가 표현됩니다."

국내에서 목소리 클리닉을 운영하고 있는 모 병원의 홈페이지에 나와 있는 문구가 마음에 와 닿았다. 콘텐츠는 갖추었지만 목소리가 아름답지 않은 여성은 자신의 매력 경쟁력을 떨어뜨린다. 그럼에도 많은 여성이 자신의 목소리를 방치한 채 살아가는 게 안타깝다.

타고난 목소리가 좋지 않다고 말하지는 말자. 아름다운 목소리는 외모처럼 타고나기도 하지만 의식적인 노력에 의해서도 변할 수 있다. 좋은 목소리를 의식하는 그 순간부터 목소리는 서서히 변하기 시작한다.

나의 지인 중에서 목소리가 매력적인 라디오 아나운서(46세)가 있다. 그녀의 목소리는 신이 준 선물이라 할 정도로 아름답다. 나는 평소 말할 때 의식적으로 그녀의 옥구슬 구르는 목소리를 떠올리곤 했다. 그래선지 내 목소리는 점점 개선되고 있다. 수준급의 목소리까진 아니지만 주변 사람들로부터 목소리가 좋아졌다는 말을 꽤나 듣고 있다.

목소리는 표정만큼이나 다양한 감정과 느낌을 상대에게 전달하는 메커니즘이다. 그 풍부한 목소리 연기로 스타덤에 오른 성우의 얘기를 들어보자.

케이블 TV의 〈롤러코스터〉라는 프로그램의 '남녀탐구생활'을 처음 봤을 때 서혜정(성우)의 목소리가 예사롭지 않았다. 그녀의 목소리는 매우 특별해서(매력적이라서) 시청자들을 프로그램에 푹 빠져들게 만들었다. 그녀만의 독특한 목소리가 아니었다면 그 프로그램이 그토록 인기를 끌었을까. 아니나 다를까. 그녀는 단숨에 스타 성우로 떴다. 훗날 그녀는 '남녀탐구생활'에서 들려준 목소리가 그 프로그램의 특성을 살리기 위해 연습하고 또 연습한 결과였다고 고백했다.

그녀의 예와 같이 일반 여성들도 연기하듯 목소리를 내면 반드시 아름다운 목소리를 개발할 수 있다. 목소리에도 얼굴 표정만큼이나 다양한 표정이 있음을 거듭 강조하고 싶다. 미묘한 감정을 실은 목소리는 상대가 감지할 정도로 예리하게 전달된다. 내면의 감정을 조절하고 의식하여 연기하듯 목소리를 낼 수 있을 때, 자신의 매력 경쟁력은 무기에 무기를 더한 셈이다.

그러면 목소리를 변화시키는 데 걸리는 시간은 얼마나 될까. 내 후배이자 우리 연구소 직원들은 모두 목소리가 비슷하다. 그녀들이 처음 연구소에 입사할 때만 해도 자신의 목소리를 내지만, 2개월 정도만 지나면 여직원들의 목소리가 비슷해진다. 나는 다른 직원이 전화를 받았는데 팀장 목소리인 줄 알고 한참 동안 착각한 적이 꽤 있다. 연구소의 업무 성격이 대부분 상담 전화를 받기 때문에 신입 직원이 직급이 높

매력지수를 높이는 7가지 톱 시크릿

은 직원의 목소리를 자연스럽게 따라 하기 때문이다. 그래서 우리 연구소 직원만의 친절한 목소리와 화법은 십수 년이 흐르고, 직원이 달라져도 여전히 그 문화(?)가 전수되고 있다.

아름다운 목소리를 위해 먼저, 자신의 목소리 상태가 어떤지 객관적으로 체크해볼 필요가 있다. 거칠고 탁한 목소리, 발음이 부정확한 목소리, 가냘픈 목소리, 어미가 흐려지는 목소리, 톤이 지나치게 높은 목소리, 짜증 섞인 목소리, 아기 말투 등이 아닌지 말이다.

특히 현대 여성 중 아기 말투를 사용하는 여성이 정말 많은 것 같다. 서른이 다 된 여성이 외모는 성숙하고 매력적인데, 입을 여는 순간 아기 말투가 튀어나오면 실망하지 않을 수가 없다.

마지막으로 스피치에 필요한 제스처도 체크해보자. 한국인들은 대화할 때 제스처를 별로 사용하지 않지만 약간의 제스처를 사용하면 생기 있어 보인다. 특히 프레젠테이션을 할 때는 제스처를 적극 사용할 필요가 있다. 프로페셔널한 느낌을 줄 뿐 아니라 의사 전달력을 높인다.

제스처에 익숙하지 않은 여성은 단순한 손 제스처 한두 가지만이라도 익혀 친구와의 대화에 적용해보라. 제스처의 종류는 대화의 내용에 맞는 것이 적절하다.

좋은 목소리를 위한 6가지 스킬

아름답고 신뢰감을 주는 목소리를 위해서는 복식호흡을 하는 것이 좋다. 여성은 남성보다 복식호흡에 약하다. 복식호흡법을 익혀 두면 시험이나 면접을 볼 때 긴장을 풀어주기도 한다. 하루에 20분 정도 열흘만 연습해도 목소리가 달라지기 시작한다.

1. 복식호흡법

① 숨을 1, 2, 3, 4, 5(초) 동안 천천히 코로 들이마신다(이때 아랫배에 손을 대보면 공기가 들어간 듯 불룩해지는 것을 느낄 수 있다).

② 1, 2(초)간 숨을 참는다.

③ 입으로 '스~' 소리를 얇게 내며 숨을 내쉰다(이때 아랫배가 원래대로 들어가는 것을 느낄 수 있다).

2. 공명 훈련법

지적이고 신뢰감을 주는 목소리를 위한 공명 훈련법도 익혀보자. 공명이란 목구멍이 크게 열린 형태에서 내는 소리다(하품이 나올 때 공명이 열린다). 그냥 말하는 소리와 공명을 만들어서 내는 소리는 확실히 다르다.

공명을 내는 소리는 다음과 같다. ①, ②를 한 후 말을 하면 멋진 목소리가 나온다. 지금 바로 적용해보라.

　　　　　　　　　　　　　　매력지수를 높이는 7가지 톱 시크릿

① '거' 소리를 내고, 그 상태에서 입만 닫는다.

② '음~' 또는 '흠~' 소리를 낸다.

3. 발성 훈련법

목소리는 좋은데 발음이 좋지 않으면 옥의 티다. 드물지만 목에 '연축성 발성 장애'가 있으면 발성법만으로는 목소리가 달라지지 않는다. 병원에서 치료를 받으면 개선될 수도 있다.

그러면 부정확한 발음부터 고쳐보자. 대개 기초 발성법인 '가갸거겨 고교구규그기'로 또박또박 소리 내어 연습한다. 그런데 이 발성법은 단조로워 지속적으로 훈련하기 힘든 단점이 있다. 나는 이를 보완하기 위해 〈물 흐르듯 말하기(21세기 북스)〉에서 매번 지루하지 않게 발성할 수 있도록 '미로 발성법'에 그 내용을 담았다.

4. 좋은 글 낭독하기

혼자 있는 공간에서 큰 소리로 글을 낭독해 읽으면 효과적이다. 자신이 좋아하는 시나 인터넷에서 떠도는 좋은 글, 신문 사설을 날마다 소리 내어 읽는다. 이때 발음은 정확하게, 소리는 크게 내는 것이 포인트이다.

5. 목소리 벤치마킹하기

자신이 좋아하는 아나운서를 정해 인터넷에서 그녀가 한 뉴스를 보며 반복해서 따라 해보는 것도 효과적이다. 처음에는 한 음절 듣고, 한 음절 소리를 내본다. 이후부터는 소리 내는 문장의 분량을 늘려서 연습한다. 발음이 점점 좋아질 뿐 아니라 목소리도 맑고 매력적으로 변해가는 것을 확인할 수 있다.

6. 의식해서 말하기

평소 말할 때 목소리를 의식하면 한결 좋은 목소리가 나온다. 목소리에는 모든 감정이 배어 있다. 특히 기분 좋은 상태에서 나온 소리가 가장 좋은 목소리다. 기분이 나쁠 때는 부정적인 감정이 그대로 전달될 수 있으므로 전화를 받지 않는 것이 좋다.

Part 4

매력 면접을 위한
7가지 테크닉

많은 여성이 내적 스펙 쌓기에는 많은 시간과 노력을 기울이지만 정작 외모 관리나 면접 스킬을 익히는 데는 소홀한 경향이 있다. 결국 스펙은 되는데 매력 있는 지원자로 비치지 않아 취업의 마지막 관문인 면접에서 실패한다면 그보다 안타까운 일이 있을까.

매력 있는 여성은 면접에도 강하다. 면접 이미지는 대인관계에서도 중요한 필수 이미지이기도 하기 때문이다.

취업! 이제 당신이 어떤 마음과 태도를 가졌는가에 따라 그 승패가 달려 있다. 자신이 원하는 직업을 선택했다면 원하는 곳에서 일하고 싶다는 신념과 열정을 가져라. 취업의 문을 여는 데 그리 어렵지 않을 것이다.

요즘은 취업하기
어려운 세상이다?

오래된 일인데, 라디오에서 재미있는 음악을 들었다. 여자와 남자가 듀엣으로 노래하는데 자꾸만 '놀자'만 연발하는 것이다. 처음에는 영문도 모르고 무슨 젊은 사람들이 놀자 타령만 할까 싶었다. 그런데 가만히 들어보니, 취업이 안 되는 젊은 여성과 남성의 애타는 하소연으로 그 가사가 재미있었다.

"삼류여고 졸업하고 백수생활 벌써 2년, 시간은 많고 미모는 없고, 일류대학 졸업하고 오라는 데 하나 없고, 돈 한 푼 없고 얼굴은 되고 내 멀쩡한 손 하얀 손으로 변해버렸네. 우우우 놀자 우우우 놀자, 내친 김에 계속 놀아버리자 웃어버리자. 우우우 놀자 우우우 놀자, 노는 것도 보통일이 아니다. 힘든 일이다. (중략) 우우우 놀자 우우우 놀자 지겨워도 놀 수밖에 없잖아. 일이 없잖아. 우우우 놀자 우우우 놀자, 이러다가 늙어서도 놀까봐 걱정되잖아. 디자이너, 큐레이터, 나래이터 모델, 내게 가장 맞는 직업 스타일리스트……."

무거운 가사 내용과 달리 리듬이 경쾌한 노래였다. 날이 갈수록 일자리는 줄어들고 여성의 취업 경쟁력은 더욱 강화되고 있다. 취업 경쟁에서 살아남기 위해서는 면접이라는 좁은 문을 통과해야 한다. 내적인 스펙을 쌓는 것은 기본이고 취업 면접에서도 전략을 세우고 철저히 준비하는 과정이 필요하다.

면접은 외적 이미지 구축뿐만 아니라 이력서와 자기소개서 작성법, 총체적인 면접 스킬 등 전반적인 면접 전략을 짜야 한다. 취업 면접은 준비하는 사람에게 유리하다.

행정고시에 두 번 낙방하고 세 번째 만에 패스한 한 여성이 면접 컨설팅을 받으러 왔다. 그녀는 1차 시험을 합격했다는 기쁨도 잠시, 면접일이 다가오자 마음이 불안해졌다. 그녀의 첫인상은 평범한 외모였다. 그녀는 공무원으로서 갖춰야 할 자세, 인사법, 복장 그리고 예상 질문에 따른 답변 요령 등을 집중적으로 코칭 받았다.

그녀는 특유의 성실함으로 집에 가서도 정중한 인사법을 열심히 연습했다. 그런데 면접 당일, 면접실에 들어선 그녀에게 면접관이 인사는 생략하라고 주문한 것이다. 공무원다워 보이는 인사법을 얼마나 연습했는데 퍼뜩 억울한 생각이 들었단다. 그래서 기왕이면 열심히 배우고 익힌 인사법을 써먹기로 하고 정중하게 인사를 했다. 인사해서 손해 볼 것은 없으니까. 그리고 의자에 허리를 꼿꼿하게 세우고 당당한 자세로 앉았다. 면접관이 그녀에게 의외의 질문을 던졌다.

"다른 면접자들은 모두들 긴장하는데 본인은 떨리지 않으세요?"

"속으로는 떨고 있습니다."

순간 면접관들이 크게 웃었다. 그녀는 면접을 끝내고 집으로 돌아가면서 슬슬 걱정이 되었다. 다음 날 불안한 마음을 떨칠 수 없어 내게 전화를 걸었다.

"저의 당당한 자세가 거만하게 보이지 않았을까요? 혹시 감점을 당하지는 않겠죠?"

"당당하게 앉았다고 해서 건방져 보이는 건 아니에요. 일단 면접관들이 웃었다는 것은 긍정적인 의미예요. 좋은 결과가 있을 테니 걱정하지 마세요."

예측한 대로 그녀는 최종 합격 통보를 받았다. 그녀의 정중한 태도는 면접관에게 성실하고 근면한 이미지로 어필했던 것이다.

내 조카는 원하는 직장에 취업해서 다니고 있는데, 그 회사를 결정하기 전에 다른 회사에도 합격해 행복한 고민에 빠지기도 했다. 내가 그녀에게 축하의 인사를 건넸다.

"요즘처럼 취업하기 힘든 세상에 두 군데나 붙었다니 정말 축하한다."

"고모, 요즘처럼 취업하기 쉬운 세상이 어디 있어요?"

"얘가 무슨 소리야? 취업하기 얼마나 힘든데……."

"인터넷이 있잖아요. 저는요, 취업 사이트란 사이트는 꼼꼼히 다 훑어봤어요. 면접에 관한 모든 정보를 섭렵했더니 맥이 잡히던데요. 업종별, 회사별 특성은 물론이고 면접기법까지 모두 파악할 수 있었어요. 방문자들이 면접에 붙고 떨어진 원인까지 다 올리니 취업하기 좋은 시대 아닌가요?"

조카의 산뜻한 역발상이었다. 나는 그런 조카에게 한 수 배웠다. 정말이지 인터넷에는 취업 관련 정보가 수두룩하다. 나는 조카를 통해 성실과 근면, 열정으로 무장하면 아무리 힘든 취업 경쟁 속에서도 취업할 수 있다는 확신을 얻었다.

전쟁터에 나가기 위해서는 체력 단련은 물론이고, 무기를 조이고 닦아서 불발하지 않도록 만반의 준비를 하듯 인터뷰(면접)에 필요한 모든 준비를 해야 취업의 문을 열 수 있다. 그 면접 전략에 필요한 모든 정보를 찾아서 자기 것으로 소화해내라.

먼저 다양한 방법을 동원해 취업 정보를 찾는 것이 중요하다. 대학의 취업정보실 등에서 제공하는 유익한 프로그램도 잘만 활용하면 취업문을 넓힐 수 있다. 이력서 쓰기, 자기소개서 작성법 등 각 대학마다 취업 준비생들을 적극적으로 후원하고 있다. 우리 연구소는 이미지컨설턴트 협회 회원들과 연계해 취업박람회 등에서 자원봉사를 펼치기도 한다.

열성적인 대학생의 경우, 내가 진행하는 2시간짜리 특강만 듣고도 면접에 통과하여 대기업에 합격한 경우도 종종 있다. 그럴 때는 내가 하는 일에 보람을 느낀다.

한번은 D그룹 계열사에 '직장인의 이미지컨설팅'이란 주제로 강의가 있었다. 첫 시간을 끝내고 휴식 시간이 되었는데 깔끔한 정장을 입은 여사원이 다가와 내게 오렌지주스를 건네며 인사했다.

"작년에 제가 다니던 대학에서 선생님의 면접 특강을 들었어요. 그때 배운 면접 이미지컨설팅이 취업하는 데 많은 도움이 되었어요. 면접을 준비하면서 습득한 인사법은 직장생활을 할 때도 유익했어요. 윗분들께 인사를 예쁘게 잘한다는 말을 듣곤 하거든요."

단 2시간의 특강만 듣고도 면접에 성공했다는 피드백을 들을 때면 보람이 있다. 나는 그녀에게 면접을 볼 때 자신이 왜 합격했다고 생각하는지, 다른 지원자들과 어떤 차이가 있었는지 물었다.

"제 옷차림과 헤어가 다른 지원자들보다 단정했던 것 같아요. 그래서인지 면접관들이 제게는 가벼운 질문만 했어요. '취미가 뭡니까?'라고 질문하면 제가 'TV 보기를 좋아합니다' 하고 대답했죠. 그랬더니 '그럼, 어떤 프로를 좋아합니까?' 하시는 거예요. 저는 '드라마를 좋아합니다' 하는 식이어서 면접을 볼 때 별로 긴장되지 않았어요. 면접장에서 나오는데 좋은 결과가 있을 것 같은 예감이 들었어요."

그녀의 말처럼 면접관은 마음에 들수록 가벼운 질문을 하는 경향이 있다. 면접관은 몇 초 동안 이루어지는 첫인상과 1~2분 정도의 짧은 시간에 매력 있는 지원자에게 '필'이 꽂힌다. 그들은 그리 끌리지 않는 지원자에게 질문을 던져 시간을 낭비하려 하지 않는다. 짧은 시간에 신입사원으로 뽑고 싶은 지원자에게 가벼운 질문을 던지기 마련이다. 때로는 비호감인 지원자에게 압박 면접 질문을 던져 곤경에 빠뜨리기도 한다. 많은 여성이 내적 스펙 쌓기에는 많은 시간과 노력을 기울이지만 정작 외모 관리나 면접 스킬을 익히는 데는 소홀한 경향이 있다. 결국 스펙은 되는데 매력 있는 지원자로 비치지 않아 취업의 마지막 관문인 면접에서 실패한다면 그보다 안타까운 일이 있을까.

매력 있는 여성은 면접에도 강하다. 면접 이미지는 대인관계에서도 중요한 필수 이미지이기도 하다.

취업! 이제 당신이 어떤 마음과 태도를 가졌는가에 따라 그 승패가 달려 있다. 먼저 자신이 원하는 직업을 선택하라. 그리고 원하는 곳에서 일하고 싶다는 신념과 열정을 가져라. 그러면 취업의 문을 여는 데 그리 어렵지 않을 것이다.

그녀가 면접에서
떨어지는 진짜 이유

"**여**러분, 여러분의 외모가 상대에게 그리 호감을 주지 못한다는 사실을 인정하세요!"

내가 서울의 모 대학 취업 면접 특강에서 이렇게 말하자 학생들은 폭소를 터트렸다. 하지만 이내 강연장이 조용해지고 학생들의 표정이 진지해졌다. 그들은 '과연 내 외모는 상대에게 호감을 줄까?' 하는 표정을 지은 채 강의에 집중했다. 누구나 치러야 할 면접이라는 관문을 통과해야 할 테니까.

그러면 일반 면접에서 외모가 차지하는 비중은 얼마나 될까. 외모와 면접은 어떤 상관관계가 있을까.

한 취업 전문 사이트에서 기업의 면접관들과 지원자들을 대상으로

'외모가 면접에 미치는 영향'에 대한 설문 조사 결과가 나왔다. 먼저 면접관들에게 지원자의 학력, 학점, 외국어 능력, 외모 중에서 점수의 비중을 물었다. 이들 요소 중에서 지원자의 외모가 차지하는 비율이 60%로 가장 높게 나타났다. 한편 면접에서 실패한 지원자들에게 같은 질문을 했다. 자신이 면접에서 불합격한 이유가 외모라고 대답한 지원자는 불과 4.5%였다. 외모의 척도 기준이 면접관과 지원자 간에 무려 55.5%나 차이가 났다. 그 이유는 뭘까. 내가 생각하는 나와 남이 생각하는 '나'가 너무 다르기 때문이다. 그 차이가 클수록 경쟁력이 약해지는데 '나'는 내가 원하든 원치 않든 상대에 의해 판단된다. 그것이 이미지의 속성이다. 따라서 자신의 외모와 목소리를 철저히 객관화해야 한다.

사실 면접관뿐만 아니라 어느 누구도 상대의 외모에 대해 대놓고 말할 수 없다. 그것은 인격 침해가 될 수 있기 때문이다.

한 여성 지원자가 외모는 좀 떨어지지만 내적 스펙은 뛰어났는데 면접에서 떨어졌다 치자. 그녀가 면접관에게 자신이 떨어진 이유에 대해 '저는 학력, 학점, 외국어 점수도 최상인데 왜 불합격되었나요?' 하고 물었다고 치자. 그러면 면접관이 어떻게 대답할 것 같은가. 아마 '우리 회사에서 뽑는 인재상과 좀 달랐다'는 식으로 말할 수는 있어도 '당신의 외모 때문'이라고는 절대 말하지 않을 것이다.

많은 여성들이 자신이 자꾸만 면접에서 떨어질 때, 혹시 외모 때문이 아닐까 하는 생각이 들어도 절대 그 점을 인정하고 싶지 않아 한다.

그것이 여성의 심리다. 하지만 '이미지 시대'라는 현실을 냉정하게 받아들이지 않으면 안 된다. 외적인 이미지(외모와 목소리)를 최상으로 개선해야 한다는 말이다. 여기서의 외모는 얼짱, 몸짱이 아니라 매력 있는 지원자의 이미지를 말하는 것이다. 그럼에도 대부분의 여성 지원자들이 자신의 매력을 어필하지 못하는 경우가 부지기수다. 면접의 1차 관문인 외적 이미지의 중요성을 제대로 알지 못하거나, 설사 인식하더라도 최상의 연출을 하지 못하고 면접에 임하는 경우가 많다. 자신의 기량과 좋은 이미지를 최대한 발휘해도 치열한 경쟁률을 뚫기 힘든데 하물며 자신의 능력과 장점을 제대로 표현하지 못하는 여성들은 무슨 배짱(?)으로 면접에 임하는지 모르겠다.

앞서 밝혔듯이 매력은 1차적 이미지(외적 이미지)인 외모, 목소리가 첫 관문이므로 불과 몇 초 만에 면접관에게 어필할 수 있어야 한다. 그래야 2차적 이미지(내적 이미지)인 지적 능력, 성품을 판단할 수 있다. 스펙이 중시되는 특별한 직업이 아니라면 일반 취업 면접에서는 아무리 성실한 내면의 소유자라도 첫인상에서 호감을 주지 못하면 그 내면을 표출해낼 기회를 갖지 못한다. 스펙은 갖추었는데 외모와 목소리(스피치) 때문에 자신을 평가 절하시키는 어리석음을 범하지 말자.

면접관에게 다음과 같은 느낌을 갖게 해서는 곤란하다. 어떻게 저런 옷차림으로? 어떻게 저런 표정으로? 어떻게 저런 헤어스타일로? 어떻게 저런 화장을 하고? 어떻게 발음도 부정확하고 모기 소리를 내면서 면접을 보러 왔지? 등등의 느낌 말이다.

A씨는 평범한 외모를 가졌지만 명문 여대 출신으로 토익 점수가 만점에 가까울 정도로 스펙이 탁월했다. 그런 그녀가 본교 대학원 진학을 위해 면접을 봤는데 떨어지고 말았다. 학부에 다닐 때는 공부를 잘해서 자긍심을 가졌는데 마음이 많이 상했을 것이 분명했다. 그녀는 다른 대학의 대학원에 지원하기 위해 면접 이미지 구축이 필요한 것 같다며 우리 연구소의 문을 두드렸다.

"대학원은 실력으로 뽑아야 되는 거 아닌가요? 면접을 볼 때, 같이 면접을 본 친구는 저보다 영어 성적도 훨씬 떨어지는데 합격했어요. 저보다 말만 잘했을 뿐인데요."

나는 그녀가 불합격한 이유를 단번에 알 수 있었다. 스피치가 관건이었다. 목소리가 너무 가늘고 기어들어가는 것처럼 작았고 발음도 우물거리는 듯 부정확해 소극적인 이미지를 풍겼다. 한마디로 스마트하지도 않은 외모에다 목소리까지 생기가 없으니 답답한 느낌을 주었을 것이다. 평소 내성적이고 말이 없는 여성들은 발음이 부정확한 경향이 있다.

그녀에게 당장 필요한 이미지 콘셉트는 '발음을 정확하게 하고 목소리를 크게, 그리고 말을 잘하기'였다. 그런데 면접을 일주일 남겨놓고 발음을 교정하고 목소리를 바꾸기란 불가능했다. 급한 대로 복식호흡 훈련법과 기초 발성법을 코칭했다. 그럼에도 나는 그녀의 합격을 기대

매력 면접을 위한 7가지 테크닉

하지 않았다. 발음 교정과 목소리는 너무 짧은 시간에 개선될 수 없기 때문이다.

그리고 얼마 후 연구소 직원이 그녀의 합격 여부를 확인하기 위해 전화를 걸었다. 그녀는 전화를 받지 않았다. 좋지 않은 결과가 감지됐다. 그녀가 영어 실력과 스펙을 쌓기 위해 기울인 노력의 '100분의 1'만이라도 외모와 목소리를 개선하는 데 시간을 투자했더라면 그토록 난감한 상황은 일어나지 않았을 텐데 하는 아쉬움이 남았다. 우리는 그녀에게 스피치 훈련을 꾸준히 하면 얼마든지 멋진 목소리를 낼 수 있다는 뜻을 전달하기 위해 기초 발성법 스킬과 격려의 말을 담아 메일을 보냈다.

지혜로운 취업 지원자라면 자신의 외적 이미지가 상대(면접관)에게 어떻게 비칠지 냉정하게 판단할 수 있어야 한다. 피상적인 잣대로 판단하는 사회적 인식과 현실을 거부하고 비난할 것이 아니라 자신의 매력을 개발해야 한다. 끌리는 지원자가 되어야 한다.

성공적인 매력 면접 이미지 콘셉트는 스마트한, 부드러운, 지적인, 긍정적인, 적극적인, 성실한, 창의적인, 당당한, 신뢰감을 주는 이미지여야 한다.

B씨는 벌써 취업 면접에서 다섯 번이나 떨어졌다. 그것도 매번 최종 관문인 임원 면접에서 말이다. 그녀는 면접을 거듭하면서 면접 상식과 스킬에는 매우 익숙해졌다. 도대체 무엇이 그녀의 취업 발목을 잡았던

것일까.

　나는 그녀를 만나서 얼마 지나지 않아 그 원인을 캐치할 수 있었다. 그녀의 심한 뻐드렁니가 눈에 들어왔다. 다른 외모는 흠잡을 데 없어 보였다. 나는 그녀에게 뻐드렁니가 '옥의 티'라며 교정을 강권했다. 수개월이 지나서 그녀가 연구소를 들렀는데, 앞니가 가지런한 모습에서 스마트해진 분위기가 묻어났다. 그녀는 작은 앞니 두 개가 주는 분위기가 그처럼 치명적인지 몰랐다면서 취업에 성공했다는 기쁜 소식을 전했다.

압박 면접에
걸려든 여자

면접관들이 지원자에게 느끼는 매력의 기준은 뭘까. 기업의 많은 면접관들이 '그 일을 하는 데 적격인 여성'에게 끌린다고 언급했다. 일을 잘할 것 같은 여성을 인재로 뽑는다는 것이다. 매력의 기준은 직업의 특성에 따라 다른데 외모보다는 스펙에 무게를 두는 경우도 있고 스펙보다는 외모에 두는 경우도 있다.

예를 들면, 신문기자는 외모가 중요하지 않은 반면, TV 방송국 기자는 외모에 비중을 둘 수밖에 없다. 어쨌든 그녀들은 기자로서의 본분인 '정확하고 좋은 기사'를 써야 하는 일꾼이라는 것이 공통분모다. 따라서 신문기자가 되고 싶다면, 면접관에게 매력 어필할 수 있는 것이 무엇인지 전략을 세워야 한다.

'기사를 잘 쓰는 여기자의 이미지'를 어필해야 한다. 신문기자는 무엇보다 해박한 지식과 인내와 끈기가 있는 이미지를 보여주는 것이 중요하다. 이를테면 전국 대학생 토론 대회에 참가했다든가, NGO(지역, 국가, 국제적으로 조직된 비영리 시민단체)에서 자원봉사자로 활동한 경력들을 갖추면 끌리는 지원자가 될 수 있다. 기자라는 직업은 외모나 학벌이 좋고 집안이 잘산다고 유리한 것은 아니다.

P씨는 명문 대학에서 경영학을 전공한 재원으로 대학뿐만 아니라 초중고에 다닐 때도 모범생이었다. 그녀는 어릴 적부터 재클린(케네디 오나시스)처럼 여기자가 되고 싶었다. 모 신문사에 지원하여 서류심사에서 합격하고 최종 면접만 남겨 두었다. 그녀는 면접에도 자신이 있었다. 토론 대회에도 참가하고 사람들 앞에서의 발표도 자신 있었기 때문이다.

면접 당일, 샤넬의 트위드 슈트를 입고 어머니가 생일 선물로 사준 샤넬 백과 페라가모 구두를 신었다. 그녀는 순서가 되자 당당하게 걸어가서 의자에 앉았다. 한 면접관이 테이블 위에 있는 그녀의 서류를 훑어보고 질문했다.

"아버지가 부자신데 평소 죄책감을 느끼지 않았나요?"

아버지의 직업(사업)을 보고 던진 질문이었다. 그녀의 집주소는 서울 강남에서도 부자들이 많이 사는 곳으로 유명했다. 그녀는 전혀 예상치 못한 질문에 당황했다.

매력 면접을 위한 7가지 테크닉

"부자라고 해서 왜 죄인 취급을 받아야 하는지 이해할 수 없습니다."

그녀는 나름 소신 있게 면접에 임했다고 생각했다. 부자 아버지에 관한 질문이 마음에 걸렸지만 설마했는데 결국 불합격되었다. 지금까지 시험에서 탈락한 적이 한 번도 없었던 그녀는 처음으로 패배감을 맛봤다. 그녀는 며칠 동안 혼자 고민하다 연구소를 찾아왔다. 신문사에 면접을 보러 갔을 때의 모습을 그대로 재연한 채 말이다.

"완전 루저가 된 기분이에요. 면접에서 왜 떨어졌는지 그 이유를 모르겠어요."

그녀의 럭셔리한 차림새는 여기자라는 직업과 너무나 생뚱맞아 보였다. 나는 면접관이 어떤 질문을 했고 어떤 답변을 했는지를 파악했다. 그리고 그녀에게 면접에서 탈락한 요인으로 추측할 수 있는 문제점을 두 가지로 짚어주었다.

첫째, 옷차림이 부적절했다. 스커트 정장에 명품 가방과 구두는 기자라는 직업과는 거리감이 있었다. 그녀의 스타일은 수입 명품 회사의 마케터를 지원할 때 입으면 적절한 차림새다. 오버 패션, 즉 격에 맞지 않은 럭셔리한 스타일은 기자다워 보이지 않는다. 기삿거리를 취재하러 가는 복장으로는 바지와 캐주얼 재킷이 제격이다. 베이지색의 데님 바지에 블랙 재킷을 입는 것이 모범적인 기자다운 차림새다.

둘째, '압박(스트레스) 면접' 대응에 실패했다. 면접자에게 의도적으로 스트레스를 주고 어떻게 반응하는지를 판단하는 고난이도의 면접

기법이다. 부자를 죄인으로 여기는 것 자체가 함정임을 빨리 간파해야 한다. 특히 그녀가 지원한 신문사는 우파 성향이 뚜렷한 한국의 대표 언론사로 순발력 있는 지혜와 대응이 필요하다. 다음과 같이 대응했다면 최상의 답변이 될 수 있었을 것이다.

'저의 아버지께서 부정적인 방법으로 부를 축적했다면 죄의식을 가져야겠지만 땀과 노력으로 부를 이루셨기 때문에 저는 아버지를 존경합니다. 저는 아버지의 부와 상관없이 한국 사회의 그늘진 곳에서 사는 사람들의 눈물과 애환을 지면에 담고 그들과 함께 나눔의 삶을 살고 싶습니다.'

내 설명을 들은 그녀는 아쉬워하는 표정을 지으면서 자신도 샤넬 백을 들고 면접을 보러 간 것이 마음에 걸렸다고 했다.

나는 그녀에게 어릴 때부터 온실 같은 환경에서 자라온 사람에겐 치열하고 척박한(?) 기자 생활이 적성에 맞지 않을 것 같다고 조언했다. 그녀도 공감하는 듯 고개를 끄덕였다. 결론적으로 그녀의 외모는 우아하고 세련되었지만 신문사 면접관에게는 매력 없는 존재로 어필된 것이었다. 현재 그녀는 외국계 항공사에 취업하여 커리어를 쌓고 있다.

그녀의 컨설팅이 있은 후 1년여가 지났을까. 그녀가 지원했던 신문사에서 어떤 여기자가 이미지 메이킹을 주제로 한 기사를 쓰기 위해 내게 인터뷰를 하러 왔다. 수수한 얼굴의 여기자는 P씨와 비슷한 연배로 보였다. 나는 인터뷰를 끝내고 나서 호기심이 발동해 그녀에게 몇 가지 질문을 했다. 공교롭게도 여기자는 P씨와 같은 경영학을 전공했는데 대학만 K대로 달랐다.

"기자님은 입사 면접을 볼 때 어떤 옷차림을 했나요? 정장을 입었어요?"

"아뇨. 캐주얼 정장이요. 베이지색 면바지에 아이보리색의 폴라티를 받쳐 입고 커피색 면 재킷을 입었는데요. 신발은 단화를 신었고요."

"경쟁률이 만만찮았을 텐데, 기자님이 합격하는 데 특별한 스펙이나 장점이라도 있었나요?"

"저는 취미로 합기도를 했거든요. 그게 다른 지원자와 차별화되었다고 생각해요."

약간 작은 키와 호리호리한 체형의 그녀가 합기도 유단자라니!

그녀는 면접관에게 충분히 매력을 어필하는 지원자였다.

매력으로 면접관을 설득하라

"**여**러분, 취업에 성공하려면 면접관을 잘 설득할 수 있어야 합니다."

매년 대학에서 열리는 면접 특강에서 나는 이렇게 운을 뗀다. 그러면 학생들은 '면접을 보는 것만 해도 떨리는데 면접관을 설득하다니요?' 하는 표정으로 나를 쳐다본다.

면접관 설득의 핵심은 면접관이 당신을 선택하고 싶은 마음이 들도록 하는 것, 즉 설득 이미지 구축에 있다. 개인의 스펙은 기본이고 외적 이미지로 면접관을 설득할 수 있어야 면접 경쟁력을 높일 수 있다. 더욱이 외모에 비중을 많이 두는 직업이라면 그 직업에 걸맞은 외모를 갖추어야 설득 이미지를 갖게 된다.

한 예로, 스튜어디스가 되려면 얼굴은 그리 예쁘지 않아도 되지만 다리는 확실히 가늘고 늘씬해야 면접관에게 어필할 수 있다.

　몇 년 전, 지방의 대학에서 면접 이미지컨설팅이라는 주제로 특강을 했다. 그리고 얼마 지나지 않아 그 때 내 강의를 들었던 여대생이 연구소를 방문했다. 그녀는 당시 경제학과 2학년에 재학 중이었는데 나의 '스튜어디스 인사' 스킬을 듣고 스튜어디스의 꿈을 실현하고 싶었던 것이다. 그녀는 부모님을 어렵게 설득해서 모 대학의 항공운항과에 지원했는데, 면접시험에 대비하기 위해 컨설팅을 받으러 왔다고 했다.

　그녀는 아주 예쁜 얼굴은 아니었지만 비교적 순한 인상이었다. 168cm의 키에 밝은 피부색을 가졌고 다리가 날씬했다. 스튜어디스의 표정과 인사법, 자세 등의 면접 스킬을 익히면 합격할 것 같다는 감이 왔다. 급한 대로 단정한 스커트 정장과 셔츠, 검정색 펌프스를 준비하라고 했다. 그리고 나서 며칠 후 우리 연구소 홈페이지의 자유게시판에 반가운 글이 올라왔다.

　"제가 저희 학교 항공운항과에 수석으로 합격했어요. 여름방학 때는 과 수석에게 무료 해외 연수 기회까지 제공된답니다. 정말 감사합니다."

　합격만으로도 반가울 텐데 과 수석까지 했다니! 그녀가 참 대견했다. 그녀의 스튜어디스다워 보이는 이미지가 면접관을 설득했던 것이다.

　언젠가 대학 졸업을 앞둔 B(23세)씨가 어머니와 함께 항공사 스튜어디스 면접시험을 대비하여 이미지컨설팅을 받으러 왔다. 그녀는 편안한 생김새로 키가 큰 것까지는 좋았는데 유난히 굵은 종아리가 신경에 거슬렸다. 그렇다고 종아리가 너무 굵어서 스튜어디스 시험에 지원하지 않는 게 좋겠다는 말을 그녀에게 할 수도 없는 난감한 상황이었다. 나는 B의 면접 컨설팅 스킬을 진행해야 할지, 진로 상담을 해야 할지 잠시 갈등했다. 나는 그녀에게 스튜어디스가 되고 싶은 동기에 대해 물어보았다. 그녀는 스튜어디스가 되는 것이 어릴 적부터의 꿈이라며 강한 의지를 내보였다. 초등학교 때 부모님과 비행기를 탔는데 스튜어디스 언니가 참 멋져 보였다나.

결국 스튜어디스 면접을 위한 이미지컨설팅 과정으로 들어가지 않을 수 없었다. 그녀는 스튜어디스의 표정과 자세 교정, 걸음걸이, 인사, 보이스 트레이닝을 진지하게 따라 했다.

그리고 면접시험을 봤는데, 우려했던 대로 불합격되었다. 물론 그녀의 굵은 다리가 불합격 요인이 아니었을까 추측했다. 그녀는 어쩔 수 없이 스튜어디스의 꿈을 접게 되었지만 시험이라도 보았기에 평생 후회하지는 않을 것이다.

만약 스튜어디스가 꿈인데 다리가 굵은 여성이라면 그 꿈을 접는 것이 현명하다. 굵은 다리로는 면접관을 절대 설득할 수 없으니까. 그렇다면 아름다운 얼굴과 S자 몸매를 가진 스튜어디스 지망생이라면 면접관을 잘 설득할 수 있을까. 아니다. 오히려 탁월한 외모가 득보다 실이 되는 경우도 있다. '과하면 부족한 것만 못하다'는 말처럼 스튜어디스에게 지나치게 섹시한 외모(겨울 사람의 '김남주' 유형)는 불리할 수도 있다. 또한 김태희처럼 너무 예쁘면 승객들의 눈은 휴식을 취하기가 힘들다. 따라서 면접관을 설득할 수 있는 스튜어디스 고유의 이미지는 밝은 피부색, 따뜻한 얼굴 생김새, 부드러운 표정, 가는 종아리이다.

나의 고객 중에는 신체적 결함이 있음에도 면접관을 잘 설득한 경우도 있다. 성형수술로도 해결되지 않는 단점이 있음에도 매력을 어필하는 데 성공한 여성의 사례를 들어보자.

언젠가 지방에서 사는 S(22세)가 연구소의 메일로 애절한 글을 보내왔다. 그녀는 일주일 후에 국립병원 간호사로 지원하기 위해 면접을 본다고 했다. 그녀는 지방 간호대학을 우수한 성적으로 졸업하고 종합병원에 취업하려 했지만 면접만 일곱 번이나 떨어졌다고 했다. 나는 그녀가 면접에서 자꾸만 떨어지는 이유가 궁금했다.

그녀와 컨설팅이 있던 날, 나는 상담실로 들어가면서 그녀의 외모를 얼핏 봤다. 예상과 달리 늘씬한 체형과 대리석처럼 매끈하고 흰 피부, 단아한 얼굴, 윤기가 도는 찰랑찰랑한 긴 생머리가 아름다웠다. 그녀는 수줍은 듯 아래를 보고 내게 인사를 했는데 예의도 바르고 목소리도 좋았다. 나는 맞은편 의자에 앉으면서 그녀의 얼굴을 정면에서 바라보았다. 그 순간 화들짝 놀라고 말았다. 그녀의 한쪽 눈동자가 사시였던 것이다. 나는 그녀가 왜 일곱 번이나 면접에서 떨어졌는지 그 이유를 알 수 있었다. 어떻게 면접에 대비를 해야 할지 난감했다. 안과

수술로도 해결하지 못하는 사시를 어떻게 이미지컨트롤로 약화시킬 수 있을까 싶었다.

나는 그녀의 고민을 듣다가 '그래, 스모키 아이 메이크업으로 착시 효과를 얻으면 되겠구나' 하며 안심했다.

당일의 면접 시간은 때마침 오후 시간으로 그녀는 오전에 연구소에 와서 메이크업 아티스트로부터 정교한 아이 메이크업을 받았다. 일반 면접에서 과한 아이 메이크업은 부적절하지만 이번만큼은 극처방이 필요했다. 면접이라는 상황을 고려해, 스모키 아이 메이크업 특유의 블랙 톤을 낮추어 부드러운 회색 느낌으로 눈매를 표현했다. 입술은 강한 눈 화장과 대비시켜 은은한 살구색의 립스틱을 발랐다(그녀의 하얀 피부색과도 잘 어울렸다). 그녀의 메이크업을 체크하기 위해 스킬룸으로 들어간 순간 내 판단이 정확하게 맞아떨어졌다는 것을 알 수 있었다. 그녀의 사시가 아이 메이크업에 묻혀 눈에 띄지 않았으며 그녀의 뽀얀 피부와 눈 화장이 조화를 이루어 매우 매력적이었다.

긴 생머리는 뒤로 묶어서 깔끔하게 정리했다. 나는 그녀에게 면접 인사, 자세, 태도 등을 최종적으로 체크하며 특별히 신경을 썼다. 며칠 후 그녀에게서 반가운 전화가 왔다.

"저 합격했어요, 선생님! 저희 집안에 경사가 났어요."

"정말 축하해요. 면접 볼 때 기분이 어땠어요?"

"면접관들이 제게 다른 지원자보다 엄청 질문을 많이 하셨어요. 어떤 분은 제가 얼마나 예쁜지 알고 있냐고도 하셨고요. 면접이 끝났을 때 합격할 거 같았어요."

아마도 면접관들은 그녀의 내면에 잠재해 있는 아픔과 열정을 읽었을 것이다. 그날 그녀는 우리 연구소 홈페이지에 글을 남겼다.

"저는 간호사로서 충분한 실력은 갖추었다고 자부했습니다. 그런데 면접에서만 일곱 번이나 떨어지자 정말 지쳤고 절망했습니다. 그러다 지푸라기라도 잡는 심정으로 정연아이미지테크의 문을 두드렸습니다. 결과는 여덟 번째 면접 만에 취업 성공! 정말 감사드립니다."

메이크업이라는 매력 도구가 그녀의 사시를 매력적으로 커버하는 데 큰 역할을 해주었다. 그녀의 얼굴이 면접관을 설득했던 것이다.

매력 면접
이미지 코칭

Fashion ; 기업 문화에 맞춰 입어라

면접 복장은 1차적 이미지로 첫인상에서 큰 영향을 준다. 그래서 무엇을, 어떻게 입을까 신경이 쓰인다. 면접 복장은 지원 회사 측에서 지정한 옷(정장 또는 캐주얼)을 입는 것이 원칙이나 자율 복장이라면 정장을 입는 것이 무난하다. 정장을 입어서 손해 볼 것은 없기 때문이다.

내게 면접 컨설팅을 받으러 온 어떤 여성이 한 중견기업체에 지원했는데 자율 복장이라고 해서 캐주얼웨어를 입고 면접을 보러 갔다. 그런데 다른 지원자들은 정장을 입었더란다. 그녀는 캐주얼웨어를 입은 것이 후회되어 마음이 불안했다. 결국 면접관의 일반적인 질문에도 더듬거리면서 대답했다. 적절치 못한 옷차림이 신경 쓰여 면접을 망친

매력 면접을 위한 7가지 테크닉

경우다.

일반적으로 면접 복장의 기본은 단정하고 무난한 스타일이 스마트해 보인다. 대기업이나 공기업 등 보수적인 기업에 지원한다면 반드시 정장을 입어야 한다.

정장의 컬러는 검정색 계열, 회색 계열, 감청색 계열이 기본이다. 피부색이 어두운(겨울 사람) 여성일수록 검정색을 포함한 짙은 색 정장이 좋다. 피부가 밝고 날씬한 체형이라면 비둘기색 슈트를 입어 부드러운 이미지를 강조할 수 있다. 피부색이 어둡거나 여드름 자국 등 고르지 못한 피부의 여성이 흐릿한 회색을 입으면 깔끔한 인상을 주지 못한다.

재킷 속에는 셔츠, 블라우스, 라운드 톱이 기본이다. 공무원이나 보수적인 기업에는 흰색 셔츠가 좋다. 이때, 단추를 두 개 정도 풀고 셔츠의 칼라를 재킷 속에 넣어 입으면 스마트해 보인다. 원색 계열의 이너웨어(빨강, 노랑, 파랑 셔츠)는 보수적인 기업에는 맞지 않는다.

패션, 유통, 서비스 업계에 지원한다면 정형화된 정장보다는 트렌디한 분위기를 연출하는 정장이 세련된 이미지를 부각시킨다. 단, 너무 개성을 드러내는 스타일은 역효과를 내므로 정장의 범주에서 크게 벗어나지 않은 스타일이 좋다. 베이식한 정장이라면 브로치나 스카프를 매칭하여 악센트를 주는 것도 좋다. 블랙 정장에 빨간색의 코르사주로 악센트를 주는 방법은 고전으로 안전하게 연출할 수 있다.

홍보 마케팅 회사에 지원한다면 개성이 드러나는 스타일도 좋다.

컨설팅 업체나 벤처기업에 지원할 때는 중성적인 느낌의 매니시 스타일이 좋다.

요즘은 대학원 시험도 취업 면접 못지않게 치열하다. 후배 한 명이 다급하게 면담을 신청해왔다. 곧 있게 될 대학원(색채 전공) 면접 때 어떤 옷을 입어야 할지 모르겠다는 것이다.

"선생님, 일반 면접 복장처럼 블랙 정장에 흰색 셔츠를 입는 것이 무난할까요?"

대학원 면접은 기업 면접과는 다르다. 그녀의 전공이 색채인데 면접관(색채학 교수)은 색채에 재능이 있어 보이는 지원자에게 끌리기 마련이다. 따라서 복장에서 색상 배색을 많이 보여줄 수 있는 캐주얼 스타일이 좋다. 그런데 그녀는 꽤 뚱뚱한 체형이라서 일자형 니트 원피스를 입기로 했다. 허리살과 허벅지살을 커버해주어 한결 날씬해 보인다. 그녀의 어두운 피부색(봄 사람)과 체형에 맞는 원피스의 컬러 배색은 검정색 바탕에 강렬한 '비비드 컬러 배색'이 베스트다. 즉 '빨주노초파남보' 7가지 무지개 배색이나 빨강, 흰색, 초록의 세퍼레이션Separation 배색(빨강, 초록의 유채색 사이에 흰색의 무채색을 배치시켜 색채의 느낌에 균형을 주고 유채색의 강렬함을 안정시키는 배색 원리)이 좋다. 이처럼 면접 복장은 직업과 업종, 다양한 상황에 맞는 색상과 스타일을 선택할 수 있어야 한다.

일반 기업에 지원할 때의 면접 복장에서 주안점을 두어야 할 것은 회사의 이미지와 부합하면서 회사의 업무 특성을 고려한 스타일을 입는 것이다.

여성의 면접 복장은 원피스보다는 투피스가 좋다. 스커트의 길이가 너무 짧거나 긴 것은 감점 요인이다. 가슴 부분이 지나치게 노출된 상의는 부적절하다. 스타킹은 크림 커피색이 다리를 예뻐 보이게 한다. 검정색 스타킹(특히 검정 타이즈)은 지원하는 회사가 패션 관련 업계가 아니라면 금물이다. 구두는 검정색의 펌프스 스타일이 베스트다.

Face ; 모나리자 미소를 지어라

누구나 면접장에서는 긴장되고 떨리기 마련이다. 평소에는 잘 웃던 여성이라도 면접 시에는 표정이 굳어지기 쉽다. 그렇지만 평소 미소 짓는 표정을 훈련해 두면 밝고, 여유 있는 표정을 지을 수 있다. 그렇다고 이를 드러내면서까지 지나치게 많이 웃으란 뜻이 아니다.

표정은 하루아침에 달라지지 않는다. 평소에 의식적으로라도 웃는 얼굴을 습관화하라. 그러면 면접처럼 긴장되는 상황에서 보다 여유 있는 표정을 지을 수 있다.

면접을 볼 땐 어떤 표정을 지어야 할까. '모나리자 미소'가 베스트다. 이 미소를 지으면 첫인상에서 좋은 점수를 얻을 수 있다. 거울 앞에서 양 엄지손가락으로 입꼬리를 살짝 올려주고 마음속으로 다섯을 세고 손을 떼는 연습을 하자. 눈매도 살짝 웃는 모습이어야 하는데, 이 또한 평소 표정 훈련으로 변화가 가능하다.

면접 시 질문을 주고받을 때는 눈의 표정도 중요하다. 눈매는 부드러우면서도 총명한 이미지를 줄 수 있어야 한다. 그러기 위해서는 질문을 한 면접관의 눈을 반드시 쳐다보면서 대답해야 한다. '아이 컨택'을 제대로 하지 못하면 자신감이 없고 소극적으로 비치기 십상이다. 면접 시에 질문을 받고 잠시 어떻게 대답할까 망설이며 천장을 보거나 옆을 쳐다보는 것은 금물이다. 그리고 자신이 앉은 자리에서 가장 먼 거리에 앉은 면접관을 쳐다볼 때는 눈으로만 돌려 쳐다보지 마라. 째려보는 느낌이 들어 신뢰감을 주지 못한다. 얼굴도 살짝 돌리고 질문자의 눈을 쳐다보면 예의 바르고 적극적인 느낌을 준다. 평소 가족이나 친구들과 대화할 때 '눈 마주보고 대화하기' 습관을 들이자.

면접관이 가장 싫어하는 표정은 우울한 얼굴이다. 우울한 얼굴은 면접뿐만 아니라 직장생활을 할 때, 모든 대인관계에서도 호감을 주지 못한다. 내면의 우울감을 겉으로 드러내면 곤란하다. 그래도 긴장감이 떨쳐지지 않을 때는 이렇게 마인드컨트롤을 해보자.

'나만 긴장한 게 아니야. 다른 사람들도 긴장하고 있어!' 하는 식으로 긍정적이고 적극적인 마음을 가지려 애써야 한다. 실력이 있는데 좋지 못한 표정 때문에 면접에서 불이익을 당한다면 얼마나 억울한 일인가.

Hair; 머리는 단정하게 하라

면접 시의 헤어는 일차적으로 자신의 얼굴형에 어울리는 스타일이 최상이다. 대개 면접에서는 일명 '아나운서 스타일'로 불리는 깔끔하고 단정한 스타일이 무난하다. 그러나 얼굴이 길거나 광대뼈가 나온 얼굴형은 이마의 머리를 사선으로 내려주고 어깨 길이의 굵은 웨이브 스타일을 하는 것이 얼굴의 균형을 이루고 부드러워 보인다. 한때 크게 유행한 뱅 헤어는 품위가 없는 스타일이다.

긴 생머리라면 면접 시, 인사를 할 때 긴 머리가 앞으로 확 쏟아져내려 좋지 못한 인상을 준다. 얼굴이 크거나 넓은 형은 뒤로 묶는 올백 스타일은 어울리지 않는다.

포트폴리오나 실기 실력을 팽팽하게 갖춘 게임 프로그래머나 만화가를 뽑는 전문직 면접에서는 게임과 만화 속의 인물처럼 개성 있는 헤어를 하는 것이 창의적인 사람으로 보일 수 있다.

Make up; 화장은 자연스럽게 하라

면접을 준비하는 과정에서 여성만이 누릴 수 있는 면접 기술의 요소가 하나 있다. 그것은 얼굴 생김새의 결점을 커버해주고 끌리는 얼굴로 만들어주는 메이크업 테크닉이다. 면접 메이크업은 남성 면접자들이 결코 누릴 수 없는 매직이다. 그럼에도 많은 여성들이 자신의 매력을 최대한 발휘하지도 못한 채 면접을 보러 가는 것을 보면 안타깝다. 보다 매력적인 화장을 하고 면접을 보게 되면 자신감이 생기고 면접자의 질문에도 당당하게 답변할 수 있는데 말이다.

면접 시의 메이크업은 너무 부족하게도, 과하게도 하지 않는 것이 좋다. 생얼은 고지식하고 감각 없는 여성처럼 보일 수 있고 짙은 화장은 신뢰감을 주지 못한다. 메이크업은 이목구비의 결점을 커버하는 것이 기본 목적이다. 자연스러운 느낌을 주는 범위 내에서 화장을 하라. 평소에 자신의 얼굴을 가장 돋보이게 하는 화장 기법을 미리 익혀 두는 게 필요하다.

파운데이션을 두껍게 바르는 것은 피해야 한다. 피부 화장은 비비 크림 정도가 좋다. 그리고 페이스 파우더로 눌러주면 자연스러운 피부 표현이 가능하다. 커버력이 좋은 투웨이케이크는 두꺼운 피부 화장이 되므로 피할 것. 피부색이 어두우면 한 단계 밝은 파운데이션으로 조금 더 밝은 피부색으로 표현하는 것이 좋다.

눈빛이 빛나면 영리하고 똑똑해 보인다. 생기 있는 눈빛 연출을 위한 눈 화장으로 똑똑한 눈매를 연출해보자. 검정색의 아이라인은 눈매를 총기 있어 보이게 하는 최상의 아이템이다. 이때 아이라인은 그리지 않은 듯 자연스럽게 표현하는 것이 중요하다. 눈이 크거나 속눈썹이 길고 짙은 여성이라면 굳이 아이라인을 그리지 않아도 된다. 대부분의 여성이 아이라인을 잘 그리지 않아 이 테크닉을 활용하지 못하고

매력 면접을 위한 7가지 테크닉

있다. 평소 아이라인을 그리는 연습을 해두라. 아이라인은 속눈썹에 바짝 붙여서 얇게 그려주는 것이 포인트다.

입술 화장은 빨강처럼 튀는 컬러나 어두운 자주색 계열의 립스틱은 금물이다. 피부색이 희고 이목구비가 뚜렷하면 은은한 인디언 핑크나 베이지색 계열의 립스틱이 좋다. 피부색이 어둡거나 여드름 자국 등의 잡티가 있는 경우에는 차분한 계열의 와인색 립스틱을 립 브러시에 묻혀 립 라인을 그려준다. 그리고 입술 안쪽에 베이지색의 립스틱을 그러데이션하면 피부색도 밝아 보이고 지적이고 세련된 이미지를 강조할 수 있다.

면접 메이크업에서 피해야 할 포인트 메이크업 화장품이 있다면 펄이 들어간 제품이다. 반짝이는 펄 파운데이션, 펄 아이섀도, 펄 립스틱, 펄 블러셔는 미숙하고 일을 잘 못할 것 같은 부정적인 이미지를 준다.

Manner ; 태도는 정중하게 하라

'면접은 면접장에서만 이루어지지 않는다!'

면접을 볼 때 정중한 자세는 신입 직원으로서 갖추어야 할 기본 태도다. 지원하는 곳의 대기실에서도 눈에 보이지 않는 면접이 이루어지기도 한다. 어깨를 축 늘어뜨린 채 머리를 한쪽으로 갸우뚱하게 기울인 자세로 대기실 의자에 앉아 있다고 치자. 면접관이 스쳐 지나가면서 그 모습을 보고 부정적인 이미지를 갖게 된다. 너무 긴장하는 것도 바람직하지 않지만 너무 풀어진 태도는 더욱 치명적이다.

면접 지원자는 정중한 태도를 갖춰야 한다. 속은 그렇지 않으나 겉으로 성의가 없어 보이는 태도가 문제다. 당당하되 예의 바른 태도를 취하는 것이 최상이다. 면접장에서 나올 때까지 정중한 모습을 보여주면 좋은 인상을 준다.

면접 시의 인사법은 '정중 례'라고 하는데, 허리를 숙이는 각도는 30~45도 정도가 적절하다. 인사 스킬의 기본은 머리를 숙이는 것이 아니라 허리를 숙이는 것이 키포인트다.

인사는 네 박자로 연습하라. 앞장의 '매너 스킬'을 참조하자. 정중 례를 자연스럽게, 그리고 몸에 밸 정도로 익혀 두면 면접 시에 자신감을 갖게 해준다.

Body Language ; 몸짓은 절제하라

제스처는 커뮤니케이션 효과를 높여주는 비언어적 요소다. 그런데 한국인들은 제스처를 잘 사용하지 않는다.

몇 년 전, 나는 2007년 '한국 우주인 선발 대회'에 면접관으로 참여했다. 최종 30인을 두고 우주인을 뽑는데 가장 튼튼한 체력을 비롯하여 최고의 지성과 인성을 겸비한 이들을 상대로 심층 면접이 실시되었다. 외국의 유수한 대학을 나온 지원자들도 있었는데 그들은 세련되고 신뢰감을 주는 정장 차림새로 면접에 임했다. 면접관의 질문에 답변할 때 사용하는 손 제스처는 목소리만큼이나 전달력이 좋았다. 그들의 면접 자세와 몸짓은 물 흐르듯 자연스러웠다.

반면에 한국에서 대학을 나온 최초의 여자 우주인 이소연은 제스처를 전혀 사용하지 않았다. 그러나 그녀가 제스처를 사용하지 않았다고 해서 면접에 불리한 것은 아니었다. 면접관들이 한국인이기 때문이다.

한국 기업에 지원할 때는 익숙하지 않은 제스처나 절제되지 않은 몸짓은 마이너스 효과를 가져온다. 글로벌 기업에 지원할 때는 제스처를 사용하는 것이 유리하다.

몸짓을 지나치게 많이 사용하는 것도 정서적으로 불안정한 느낌을 주어서 불이익을 당할 수 있다. 내가 아는 국공기업체의 한 인사전문가는 면접관으로 서류를 보다가 한 여성 지원자에게 관심이 쏠렸다. 그녀가 학점, 높은 토익 점수뿐만 아니라 대단한 스펙을 갖추었기 때문이다. 그런데 그 면접관은 다른 여성 지원자들과 함께 면접을 보는 그녀를 보고 실망하고 말았다. 그녀가 면접을 볼 때 몸을 지나치게 움직이더라는 것이다. 그녀는 인성적으로 문제가 있어 보였고 공기업 직원으로서 갖추어야 할 신중함과 신뢰감을 느낄 수가 없었다고 했다. 결국 면접관들은 회의를 통해 '스펙 짱'인 그녀를 불합격시켰다. 그녀가 면접을 볼 때, 왜 몸을 많이 움직였는지는 알 수 없다. 정서적으로 불안정한 환경에서 성장했을 수도 있다. 그러나 추측컨대, 그녀의 사소한 생활습관에서 굳어진 것이 아닐까 싶다. 어쨌든 면접에서의 지나친 몸짓은 산만해 보인다. 절제된 몸짓에서 신뢰감이 묻어난다.

Speech ; 정확하게 발음하라

목소리가 좋은 여성을 만나면 왠지 똑똑해 보이고 쿨한 느낌을 준다. 반대로 목소리가 별로 좋지 않거나 발음이 부정확하면 어눌해 보여 첫인상에서도 호감을 주지 못한다. 특히 면접에서 첫인상을 결정짓는 외모나 목소리(스피치)는 큰 영향력을 발휘한다. 목소리는 꼭 면접뿐만 아니라 직장생활 및 모든 대인관계에서도 자기 이미지 관리의 중요한 요소가 된다.

　내가 면접 이미지컨설팅 프로그램을 진행하면서 가장 한계를 느끼는 요소가 바로 지원자들의 목소리다. 연구소의 문을 두드리는 면접 준비자들은 대개 면접을 일주일 남겨 두고 컨설팅을 받으러 오는 경우가 다반사다. 그나마 외모적인 요소인 헤어, 메이크업, 복장, 자세, 태도, 화법은 급한 대로 효과를 볼 수 있다. 그러나 목소리는 단 며칠 만으로는 개선하기 힘들다. 따라서 목소리를 위한 발성은 미리미리 연습하고 훈련할 필요가 있다.

평소 기초 발성법과 복식호흡법도 익혀 두자. 특히 복식호흡법은 면접 시에 긴장을 완화시켜주어 좋다. 발음은 정확하게, 대답을 할 때의 목소리는 큰 듯해야 자신감 있어 보인다. 특히 말을 끝낼 때, 어미의 발음을 정확하게 해야 신뢰감을 준다.

벌써 20년이 흘렀다. 내가 이미지컨설턴트로서 활동하기 시작할 때만 해도 사람들은 이 직업에 대해 매우 생소해 했다. '이미지'라는 것 자체마저 그들에게 익숙하지 않았기 때문이다.

이미지컨설팅의 본질은 궁극적으로, 한 개인에게 자기표현 능력(시각적, 청각적 이미지)을 강화시킴으로써 매력 있는 사람이 되게 하는 메커니즘에 있다. 즉, 퍼스널 이미지컨설팅Personal Image consulting(개인의 타고난 외모와 목소리를 조절하여 변화를 주는 작업)은 무표정한 얼굴을 가진 고객의 밝은 표정 찾기, 얼굴형에 어울리는 헤어스타일 찾기, 컬러진단용 천Fabric으로 피부색에 가장 잘 어울리는 베스트 컬러 찾기, 라이프스타일에 맞는 패션 연출하기, 자세 교정하기, 걸음걸이 교정하기, 고품격 매너 익히기, 보이스 컨설팅으로 발음 교정하기, 대화법(화술) 익히기, 프레젠테이션 스킬 업 등을 다루는 일련의 과정들이다.

이미지컨설턴트는 정말 매력적인 직업이다. 그래서 현대 여성에게 매우 바람직한 직업으로 각광받고 있다. 이미지컨설턴트의 매력에 대해 알아보자.

첫째, 열린 마음의 소유자가 된다.

이미지컨설팅의 시작은 긍정적이고 적극적인 마인드에서 출발한다. 이미지컨설턴트가 이러한 열린 마인드를 가지지 못한다면, 고객을 설득하기는커녕 그들의 이미지 변화를 끌어낼 수도 없다. 부정적이고 소극적인 후배가 이미지컨설턴트가 되고 나서 확 달라진 경우도 더러 있다.

둘째, 재미있다.

이미지컨설턴트의 눈과 귀는 언제나 열려있어 재미있다. 타인의 표정, 화장, 헤어, 패션, 자세, 목소리는 이미지컨설턴트에게 지적 호기심을 자극한다. 외국을 여행할 때는 외국인의 이미지를 관찰하게 되는 것도 재미있다. 영화를 볼 때도 PI 원칙에 따라 보게 돼 그 재미가 더하다. 때로는 배우들의 연기가 매력의 교과서가 되기도 한다. 이미지컨설턴트의 삶은 결코 지루하지 않다. 재미있는 일을 하는 것보다 더 매력 있는 직업이 있을까.

셋째, 다양한 사람들을 만난다.

일(이미지컨설팅)을 통해 다양한 사람들을 만나는 것은 매우 소중하고 값진 일이다. 이미지컨설팅을 받는 사람들은 정치인(대선 후보, 국회의원 후보, 지방자치단체 후보, 고위공직자), 최고경영자(CEO), 기업의 임원, 대학 총장, 직장인, 대학생, 주부 그리고 모든 사람들이다. 개인 컨설팅과 세미나 강연을 통해, 두터운 인맥을 형성할 수 있는 기회가 많은 것이 이 직업의 또 하나의 매력이다.

넷째, 매력 있는 여자가 된다.

고객을 코칭하는 과정에서 이미지컨설턴트 자신도 점점 프로페셔널한 이미지를 구축하게 된다. 고객의 장점은 닮게 되고, 단점을 보면서 절제의 필요성을 알게 된다. 따라서 전문가로서의 경력을 쌓으면 쌓을수록 매력 있는 여자가 된다. 세월의 도전에도 매력적으로 나이를 먹는다. 매력 이미지 구축이야 말로 황금을 얻는 것보다 더 귀하고 가치 있는 일이다.

다섯째, 돈을 많이 번다?

이미지컨설턴트의 수입은 얼마나 될까. 이미지컨설턴트 지망생들이 가장 궁금해 하는 요소다. 모든 전문직이 그렇듯 개인의 역량과 연륜에 따라 수입에는 차이가 난다. 수입은 개인의 능력에 따라 제각기 다

이미지컨설턴트가 되고 싶은 당신에게

르다. 유능한 피아니스트를 예로 들자. 어려운 교향곡을 연주하고 피아니스트로서 명성을 얻기까지 얼마나 많은 시간을 들여 연습하고, 무대 경력을 쌓았겠는가. 어떤 분야에서든 최고는 하루아침에 만들어지지 않는다. 따라서 몇 개월간의 전문 지식 습득만으로 유능한 전문가가 되거나 명강사 대접을 받겠다는 것은 어불성설이다.

그러나 유사 업종(사내 강사, 매너-CS 강사, 패션 스타일리스트, 헤어 디자이너, 메이크업 아티스트)에서의 경력자들은 '이미지컨설턴트 과정' 수료 후, 바로 컨설팅이나 강연 무대에 설 수 있다.

'정연아이미지테크 아카데미'는 그간 1500여 명의 이미지컨설턴트들을 배출해냈다. 수료생들은 대부분 여성들이지만 남성들도 수 십 명이나 된다. 그들은 현재 사회 각계에서 정치 컨설턴트 등 유능한 전문가로서 활동하고 있다. 또는 다양한 직업의 분야에서 뿌리를 내린 사람들(의사, 사업가, 기타 전문직 종사자)로서, 꼭 이미지컨설턴트가 되고 싶어서가 아니라, 자신의 가족과 직원들을 이미지 코칭하기 위해 유익하다며 듣는 사람들도 꽤나 된다. 그 밖에도 스튜어디스, 방송 아나운서 및 리포터들은 '투잡'을 준비하는 과정으로 참여하는 여성들도 있다.

이번에는 많은 여성들이 궁금해 하는, 수료생들의 인적 사항과 현황에 대해 알아보자.

먼저, 제 1기(1999년) 이미지컨설턴트 과정 수료자인 허은아 대표(예라고)와 이성림 이사(정연아이미지테크연구소)는 스튜어디스 출신이다.

남지연 대표는 주부로서 사업에 참여하다가, 지금은 협상 전략가로서 꽤 명성을 떨치고 있다. 이승아 사무관은 국무총리실의 첫 '여성 온라인 대변인'에 기용된 EBS 아나운서 출신이다. 윤현정 팀장(정연아이미지테크연구소)은 다음 세대의 바통을 이어갈 유망주로서 나날이 그녀의 역량을 키우고 있다. 그 밖에도 대학교수, 사내강사, 쇼호스트 그리고 유관한 업종에서 매력을 전파하는 수많은 후배들이 많지만 지면 관계상 밝히지 못함을 안타깝게 생각한다.

이들 중 일부는 '이미지컨설턴트협회(사단법인)' 회원이 되어 전문 지식을 함양하고 그들의 전공과 업무에 걸맞은 경력을 쌓고 있다. 우리 협회 회원들은 열린 마음으로 글로벌 한국인의 이미지 업그레이드를 위해 다 함께 노력할 것이다.

이미지컨설턴트가 되고 싶은 당신에게

매력은 **설득**이다

1판 1쇄 발행 2011년 6월 14일
1판 6쇄 발행 2015년 4월 6일

지은이 정연아

발행인 양원석
본부장 김재현
편집장 황혜정
책임편집 차선화

기획·진행 박선영
교정·교열 홍주연
해외저작권 황지현, 지소연
제작 문태일, 김수진
영업마케팅 김경만, 정재만, 곽희은, 임충진, 이영인, 장현기, 김민수,
　　　　　임우열, 윤기봉, 송기현, 우지연, 정미진, 이선미, 최경민

펴낸 곳 ㈜알에이치코리아
주소 서울시 금천구 가산디지털2로 53, 20층(가산동, 한라시그마밸리)
편집문의 02-6443-8861   **구입문의** 02-6443-8838
홈페이지 http://rhk.co.kr
등록 2004년 1월 15일 제2-3726호

ISBN 978-89-255-4334-5 (23320)

RHK 는 랜덤하우스코리아의 새 이름입니다.